千古一曹操

滾滾長江東逝水，浪花淘盡英雄。
是非成敗轉頭空，青山依舊在，幾度夕陽紅。
白髮漁翁江渚上，慣看秋月春風。
一壺濁酒喜相逢，古今多少事，都付笑談中。

——《三國演義》

東臨碣石，以觀滄海。水何澹澹，山島竦峙。樹木叢生，百草豐茂。秋風蕭瑟，洪波湧起。日月之行，若出其中；星漢燦爛，若出其裡。幸甚至哉，歌以詠志。

——曹操〈觀滄海〉

曹操，字孟德，小名阿瞞。東漢桓帝永壽元年（公元一五五）生於沛國譙縣（今安徽亳州市）。獻帝建安二十五年（公元二〇〇）去世，享年六十六歲。

曹操家世。曾祖曹節，字元偉，譙縣百姓，爲人厚道有善名。祖父曹騰，字季興，曹節第四子，早年進京爲宦官，歷事東漢安、順、沖、質、桓五帝三十餘年。安帝時爲黃門從官，順帝即位爲小黃門，遷中常侍。質帝死，桓帝即位，因參與定策有功，被封爲費亭侯，遷大長秋，加位特進。

父曹嵩，字巨高，曹騰養子，傳爲「夏侯子」。曹嵩因有曹騰這樣一個大宦官的養父，仕途得意。桓帝時爲司隸校尉，靈帝時轉大司農，大鴻臚。又逢靈帝開西園賣官，嵩又花錢一億，得太尉一職，次年罷免。曹騰死襲費亭侯。

其餘曹騰弟曹褒（曹仁祖父），官至穎川太守，曹熾（曹仁父）官至侍中，長水校尉，騰侄曹鼎（曹洪伯父）官至尙書令。

曹操出身如此顯赫一時，但究其根底又不甚雅觀的家庭，加之起於亂世，不知對其影響何如。

少年頭角

「少機警，有權數，任俠放蕩，不治行業」——機敏、勇敢、奸詐、無賴相，曹操——此中榜首者。

就人生而言，出身是沒法選擇的。

從曹操後來回憶來看，家庭對其影響，尤其在教養與情感方面，可謂深遠。他自嘆出身卑賤，既未得到慈母關愛也沒受到嚴父訓導。只是這可能恰恰成就了曹操獨立籌謀、機敏穎悟的品性。並且由於這種官宦家庭的保護，行爲放蕩，時而也有冒險逞強、打抱不平之舉。而成日結交的也是袁紹、張邈一類遊俠人物。因此，時人視兒時的曹操爲惡少之流。像其叔父曹褒就很看不慣曹操成天飛鷹走狗、不務正業的光景。屢屢到曹嵩面前數落曹操惡行，待曹操得知，又怕又恨，又想報復叔父。

一天，他遠遠瞅見叔父走來，便故意把嘴歪到一邊，臉扭曲得十分難看。叔父即問：「你怎麼了？」

操答：「我剛才突然中風了。」

叔父當眞，趕快去告訴曹嵩。曹嵩聽了，吃驚不小，忙叫人去喊曹操，當曹操站到他面前並無異樣，就問：「叔叔說你中風了，好了嗎？」

曹操委屈地說：「我何曾中風，只因叔叔不喜歡我，就這麼誣告我。」以後叔叔再告曹操的狀，其父一律不聽。曹操也便更自在了。

曹操如此任性，很爲時人所不屑，認爲朽木不可雕也。但也有完全相反的評價：說他與衆不同，將來必成大器。

汝南王俊，爲時俊傑。袁紹母親逝世，歸葬汝南。王俊、曹操都去參加了袁紹母親的葬禮。

曹操見袁紹、袁術在治喪中的表現，小聲地對王俊說：

「天下就要大亂，罪魁禍首必是此二人。欲定天下，首當除此二人。」

王俊點頭，並說：「定天下者，捨足下而誰？」

南陽何顒，名動一時，他見了曹操，也不禁嘆道：「漢家氣數將終，得天下者，必斯人矣。」

穎川李瓚，乃黨人首領李膺之子，曾爲東平相，臨終時對兒子李宣說：「國家將亂，天下英雄無能勝曹操。張邈是我的好友，袁紹是你的外親，但不可投，只可投曹操。」囑子照辦，果應驗。

同一曹操，時人看法如許不一，這也許是曹操將來功名的某種預兆。只是一點可肯定，曹操年輕肯定甚不務正業。奇怪的是世間事，因爲人們走上歷史舞台，有時正需要這種素質——機敏、勇敢、奸詐、無賴相，曹操不就是此中龍首麼？

結交清議名流

許劭以為，

曹操為治世之能臣，亂世之奸雄。

曹操爲當時絕大多數人所不屑，主要原因大概是他遊逛無度，乃至又弄些惡作劇，恐怕不是指他不學無術。恰恰相反，從《三國志》等史籍和《曹操集》上看，曹操不僅博覽群書，尤其於武學深有鑽研，只是對儒學可能沒有「皓首窮經」之志趣，故正統之人厭惡之。

不過遊逛中養成的交友與籌劃的習慣，到他日益長成，行將步入仕途卻大有用處。

漢代士人進身主要仰仗清議。清議即輿論鑒定。凡受輿論稱譽的人，再經地方政府考察舉薦，或中央政府公吏徵請，或舉孝廉，或舉秀才什麼的，即步入仕途。清議大抵取「風謠」和「題目」的形式評定人才。風謠用詩句評人物，例

「五經無雙許叔重」（評許愼），「天下無雙，江夏黃童」（評黃香）；題目則爲一判語定才德，如「王生一日千里，王佐才也」（評王允），「荀君清識難尙」（評荀淑）。

清議如許重要，清議名流則相應爲士人首要爭取和廣結廣交的對象。因爲他們的一二句話就可定士人一生前程。對此曹操自然了然於心，對那些清議權威也不敢不親之敬之。其中尤與橋玄關係非常。

橋玄，梁國睢陽人，官至尙書令。其人爲官清廉，子弟無人憑藉關係做上大官。且家貧如洗，死後無錢安葬，當時深爲百姓仰戴。橋玄爲人謙恭，善識人。曹操當初慕名前往，橋玄與之交談，竟大爲驚異，說：「天下將變，非經邦濟世之才不能安天下。斯人或爲足下！」又說：「我識天下名士多矣，無一如君。汝當勉力，我老矣，願將妻兒托付與你了。」

曹操遇此知己，感激不已。橋玄又覺得曹操沒甚名氣，便指點他結交許劭。許劭，汝南平輿人，自矜名節，不肯應召做官。其人尤長於識人，時人推爲清議權威。誰若得到許劭贊許，即身價百倍。如此盛名之人，即非橋玄推薦，曹操自然是聞名如雷灌耳，渴慕非常。因此也便帶著厚禮去拜訪許劭，謙恭掬笑，請求許劭對自己有所褒獎。但許劭對曹操所請竟一言不發，其意對曹操其人甚不歡迎。曹操也固執，一而再，再而三，最後脅迫得許劭奈何不得，終於說出了十一個字：「子治世之能臣，亂世之奸雄。」

曹操對此評語竟十分滿意，大笑而去。或者此語至少充分肯定了曹操的才能。

曹操拜訪名流，還有更難堪的時候。他到名士宗世林家，抓著宗世林的手，說願交個朋友，可宗世林乾脆拒絕了他。直到曹操挾獻帝，定許都，總理朝政了，再次請來宗世林，宗仍不動聲色：「松柏之志猶存。」不屑與曹操爲友。

從以上情況看，清議名流即使承認曹操才幹，但對其人品，多數人還是持保留態度的。不過許劭那十一字也夠曹操享用了。

乘亂而起說忠奸

曹操其人，無論作風、性格，
大抵是英雄見其神武、德者見其奸詐、智者見其權度、厚者見其忌刻……

曹操是二十歲舉孝廉而入仕途的。但觀曹操交遊情景，似乎名聲仍然不佳，但他還是被舉孝廉，讓人覺得這全是他家門的作用。因爲漢朝制度，「孝廉」——滿二十萬人口的郡國每年舉一人，不到此數的兩年舉一人，得舉孝廉即可入朝爲郎官，內轉爲卿大夫，外轉爲郡國守相。可見這一步果眞名實相副，實不易，曹操若非家世，何以得此殊遇！

不過曹操的出脫，除了家世、個人才能，大約關鍵還在漢末亂世的機遇：

1. 東漢桓、靈二帝時的宦官專政，「黨錮之禍」，血洗儒林，數以千計正直的士人被囚禁而最終又遭殺戮，顯得東漢王朝已無生機。對如此驚心動魄的倒行逆施，初入仕的曹操，即大聲疾呼，爲被害黨人鳴冤叫屈。這表明他一踏上仕途即擺脫宦官家庭對其影響，而凜然正氣令世人刮目。

2. 鎮壓黃巾起義，親自披堅執銳，初試以戰去戰之能力。

3. 董卓之亂，曹操不與董卓合作，私自逃出洛陽，陳留起兵。曹操以身許國之志昭然天下，首次在國人面前樹立起大英雄救世定天下之形象。後來袁紹等擁兵割據，這客觀上迫使效忠漢王朝的曹操也走上自我壯大之路。到後來發展爲挾天子以令諸侯，成爲不是皇帝的皇帝。

在這一過程中曹操有著全面的卓越的表現：建大功名的心胸氣概；了解時局，洞明世事；善於用兵，戰必勝攻必克；尊重人才，求賢若渴……等等。

但也有一個忠奸善惡的問題，最引人注目的就是挾天子以令諸侯。

自迎獻帝至許縣，曹操就把獻帝控制起來，並逐漸使獻帝完全失去自由，由之，漢朝最後一線復興的希望也窒息了。關於這一點，我想，要緊的不在此結果，而在於曹操的手段。

就軍政事務言之，「爲了目的」似乎歷來存在「不擇手段」的事實，並且是手段因目的而崇高，這是一層。而且還存在人是人的手段，以達到人是人的目的這一定律式的存在。如此，曹操打皇帝牌也無可厚非。但這裡還是有分寸的，有著用心術不害天理良知的問題。曹操爲發展自己的勢力，鞏固自己的地位，實施殘酷殺戮的政策，尤其是無限期的軟禁獻帝似乎太過分。因爲判定如此這般舉動，天理良知乃至歷史還存在這樣一條最後的定律：歷史無是非，存在即合理；該出現的必定出現，該過去的也一定過去；最後歸於道德，必有善惡之分，當然也有善惡之報應。否則，無此顧慮，獨夫民賊豈不爲所欲爲！

那麼用這最後的定律衡量之，曹操處此亂世，完全有理由自成氣候，且歷史也確乎不斷改朝換代，曹操也完全可以對漢朝取而代之，如楊堅之於北周，李淵之於隋，趙匡胤之於後周等之作法。但曹操卻不，一方面要把獻帝做旗幟，號令天下；一方面自己又要做忠臣。這樣就把獻帝置於無限的精神折磨和殺戮的恫嚇之中，相應之下，曹操也就難脫既奸又惡之名實了。

再就是曹操待人處世的一種風格。

曹操曾對人說：「誰欲害我，我就會心跳。」爲證明這一點，他叫一侍從官，「你身上藏著刀來到我身邊，我就會心跳得厲害，然而抓住你，從你身上搜出刀。假若我懲罰你，你別說是我要你幹的，我會厚賞你的！」侍從官照辦，結果免不了被殺頭。

曹操還對人說：「我睡覺時，諸君莫走近我。因爲我夢中殺人自己竟全不知曉。」某日，曹操和衣躺下，假裝睡熟，一近侍怕他受涼，上前爲他蓋被子，曹操翻身跌起，一劍將近侍刺死，又倒身呼呼睡去。

還有向管糧官「借頭撫衆」……等，諸般權詐之術似乎都非君子所爲。

如此曹操其人，無論作風、性格大抵英雄見其神武、德者見其奸詐、智者見其權變、厚者見其忌刻……或者這就是許劭有言在先的——「子治世之能臣，亂世之奸雄」。一治一亂，一能一奸，因時而變，料定曹操既留芳千古，又遺臭萬年。哪一個是更眞實的曹操呢？合二而一，或爲千古一曹操耳！

屯田講武

曹操以為，夫定國之術，在於强兵足食，秦以急農兼天下，孝武以屯田定西域，此先代之良式也。

曹操未出仕時，許多名流對其人「大異之」，異什麼呢？史無記載，不得而知，想來，「講武」大約是重要的一個方面。

因爲「治世修文，亂世尙武」。如漢末亂之將作，書生們仍在明經屬文，曹操此舉則尤爲特出。因文只可修心養性，唯武則可治亂平天下。

曹操講武大約包括兩個方面，一是研究軍事學著作，尤其是兵法；一是眞刀眞槍地習練武功。有關史籍記述他「才武絕人，莫之能害」，又說他「才力絕人，手射飛鳥，躬禽猛獸」，曾在南皮這個地方一天射野雞六十三隻。從此可看其所用功夫。

然而曹操講武的造詣與成就，更主要的還是其戎馬一生作爲統帥的戰績。自鎭壓黃巾始，討董卓、征張繡、破呂布、降黑山、亡袁術、戰官渡、攻烏桓、下遼東、襲荊州、定關中，運籌帷幄又親冒矢石，出生入死，何止身經百戰，這些舉凡有曹操在都是贏家。尤其官渡之戰，是中國戰爭史上的奇蹟之一。曹操在戰場上眞正敗得一塌糊塗的戰例僅赤壁之戰一次。且這一戰，大約也並非曹操全不是周郎、孔明對手，實過分輕敵也。這其中可能表現了另一問題，曹公講武可能更講求技術，相對疏於武德修養，致使他大勝之後大敗。

正因爲曹操有此講武實績，其關於軍事學的著作也成煌煌大觀。《隋書·經籍志》載，曹操兵法著作有：《孫子兵法注》二卷，《續孫子兵法》二卷，《太公陰謀解》一卷、梁六卷，梁復有《太公陰謀》三卷，《兵書接要》十卷，梁又有《兵書接要別本》五卷，《兵書要論》七卷，《兵書接要》三卷，《兵書略要》九卷，梁又有《兵要》二卷，《魏武帝兵法》一卷。可惜現在能看到的除《曹操集》中的若干軍令外，僅一《孫子兵法注》。其中「恃武者滅，恃文者亡」、「軍容不入國，國容不入軍，禮不可以治兵」、法「設而不犯，犯而必誅」，論軍政尤爲重要。

與講武相連的就是屯田。

屯田就是解決軍需的問題。換言之，當兵就是吃糧，打仗就是花錢如流水。如此農耕就尤爲重要。而戰亂年間生產總是無法保障，且戰亂中，在老百姓眼中常常是「兵匪一家」。因此糧草歷來是兵家頭痛的事情。因之，爲保證戰事順利進行，爲將者總是「兵馬未動，糧草先行」。說白話一點，打仗就是拼命，但拼命也須吃飽了才有勁，否則就完全是送死。因之，屯田往往可使軍隊如魚得水，這是歷史的經驗。

曹操帶兵自然也多次陷入糧草不繼的困境。第一次征陶謙，與呂布爭兗州等戰事，都是因無糧而中途退兵。而到迎獻帝，定都許縣，糧食問題就更見嚴峻。於是屯田在曹操就勢在必行。當然於曹操而言，屯田的勞力、土地、耕牛都不成問題。

因此，當棗祗最初提出屯田，曹操就很重視，幾經推敲，於建安元年曹操遂頒布〈置屯田令〉，正式實行，令文曰：

夫定國之術，在於強兵足食。秦人以急農兼天下，孝武以屯田定西域，此先代之良式也。

曹操此令即說明自己屯田是效法商鞅和漢武帝的，目的在於強兵足食。這就曹操許下屯田之始。

許下屯田，最初是民屯，即把黃巾軍降衆和各地流民按軍制組織起來，約五六十人一屯，配以土地、耕牛、種子，設官管理。

許下屯田第一年即大獲成功，收穀百萬斛，上下振奮。後又實行軍屯，效果亦好。隨著曹操軍事上的勝利，屯田規模、區域也不斷擴大，幾乎遍及曹操統治的整個中國北方。大抵邊境是軍屯，內地是民屯。與之相應，曹操還兼顧水利建設，以保證農作物有種有收。

由於屯田，後來征戰曹操再沒有無糧的煩惱。

建安大手筆

明代胡應麟以為，

自漢以下，文章之富，無出魏武者。

曹操家世，實在言之，大約只重勢利，不重虛文。恰恰相反，曹操於文學造詣與建樹在中國文學史上卻堪爲第一流人物。尤其在帝王群體中獨步千古。明代胡應麟說：「自漢以下，文章之富，無出魏武者。集至三十卷，又《逸集》十卷，《新集》十卷，古今文集繁富當首於此。」清代姚振宗《三國藝文誌》考證，《魏武帝集》爲三十卷，至宋時已散失。

這一現象是異常的，至少與曹操少年行止是矛盾的。這大約是如此家庭爲清流鄙視，曹操也引爲憾事，因而促使他親和文章清流；同時也見得曹操天資非凡。只是因爲他天性放縱輕狂，如此達官貴人門第正好適應了他的習性。而這般習性轉到文章上恰好又成就他詩文眞率通脫之風。又加之戰亂悲愴，曹操詩文直抒胸臆，因此，風骨清峻，尤其感人。如「秋風蕭瑟，洪波涌起，日月之行；若出其中」、「白骨露於野，千里無雞鳴。生民百遺一，念之斷人腸。」如此慷慨悲涼寫實之句，詩史大約只有唐代大詩人杜甫的抑鬱沈雄之風可與之相頡頏。因之，較之兩漢虛浮華麗的文賦，行家稱讚曹操爲「改造文章之祖師」（魯迅語）。

曹操堪爲文章大匠，不僅因其文字成就，還因他以霸主的地位獎掖文學人物。他不僅使一大批長於治國用兵的人物聚集到身邊，還吸引衆多文學高手來到他門下，以至在他的霸府「鄴下」形成一個人才濟濟的文人群體，文章交遊一時形成「建安文學」之盛。

曹操不只與諸文章巨子氣味相投，對古之典籍亦視爲珍寶，最著名者有他與蔡文姬的故事。文姬乃大學者蔡邕之女。蔡邕是曹操故交，曹操向來敬重蔡邕學問。可這位蔡邕，董卓被誅，他竟伏屍痛哭，被王允處死。也是書生糊塗，曹操奈何？文姬名琰，亦是一代才女，初嫁衛仲道，戰亂中被胡兵擄去，嫁於南匈奴左賢王，生二子。十二年後，曹操念蔡邕無後，將文姬贖回，命嫁董祀。後因事曹操想起蔡邕的藏書，問道：

「聽說你家原來有不少藏書，你還能把書的內容寫出嗎？」

文姬說：「先父以前曾送我藏書約四千卷，漂泊流離，今一卷也沒有了。現在能記誦只有四百來篇了。」

曹操聞言，立即派十名文書幫文姬抄錄。因男女有別，文姬只要紙筆，幷許抄好送來，曹操也答應了。由此可見曹操之鍾愛文章，也因此才有他的詩文。

且與孔明孰短長

在中國歷史上若舉一爭議最大的歷史人物，大約就只能是曹操了。

自兒時人們對曹操褒貶不一，直至今天仍不能說有定論。這場討論眞是太長了，如陳壽、陸機、唐太宗、司馬光、蘇軾、朱熹、辛棄疾、張溥、王夫之、朱乾、黃摩、章太炎；胡適、錢玄同、魯迅都談論過曹操。或議其一端，或評其全面，或肯定、或否定，大抵各抒己見，莫衷一是。不過從褒貶上說，大抵唐以前褒者多，宋以後貶者衆。這是就史實而言的。

而文藝和傳說，曹操的形象則江河日下了。如此，文藝干預歷史研究，有些論者也便持一種情緒紛紛爲曹操做翻案文章，或復其英雄本來面目，或讚其豐功偉業，或頌其胸襟才能。尤其有人別開蹊徑，請出諸葛亮來與曹操比較，以肯定曹操事業成就高於諸葛亮，自然歷史地位應不在諸葛亮之下。因爲諸葛亮自水鏡先生讚其爲「臥龍」，並與龐統相提說「臥龍、鳳雛，得一可安天下」，爾後既無鄙薄之辭，即便是《三國志》作者陳壽因先輩爲官受過諸葛亮處分，「陳壽報仇」，故意貶低諸葛亮，但也仍然迴避不得其治國用兵之才，乃至爲人爲臣爲帥之德。因之，諸葛亮在中國人心目中已成忠勇、智慧的化身，並且其諸多美好品格已融爲民族精神，成爲民族代代弘揚的風範。如此情況，那曹操也須同樣受到重視。

這確實是一個頗能引起人們關注和興趣的話題。且從思辨的角度講，存在即爲比較，自然曹操和諸葛亮也能比較。尤其是二者爲同一時代，並且在戰場對峙，爲敵對的兩大統帥，比較其高下尤爲有意思。

不過究其實，曹操與諸葛亮的可比性似成問題：二人起點不一。因爲二人雖同時代，但曹操長諸葛亮二十六歲，實則兩代人，當諸葛亮在劉備面前發表那一席著名的「隆中對」時，曹操已佔有除關中以外的整個中國北方，並幾乎網羅盡了天下英才。如此情勢不是每一代人都能遇到的，諸葛亮任是有經天緯地之才，也不能再造曹操初起的天下形勢。這也就是諸葛亮在「隆中對」中說的：曹操佔有北方，擁衆百萬，誠不與之爭鋒，只可靜觀勢變。

開創蜀中事業比曹操打下北方天下容易得多，絕對地說也是事實。不過諸葛亮掌握的劉備的力量，又如何能同曹操所擁有的軍事實力相比。曹操得荆州即號稱雄兵百萬，劉備充其量不過萬名疲憊之卒。諸葛亮僅憑劉備提供的這點資本，聯吳抗曹，赤壁一戰定三分，然後再創蜀州事業。這亦是人間奇蹟了。

但硬要比，可比較二人才德。

曹操、諸葛亮雖爲兩代人，但畢竟在戰場上交過手，具體說就是赤壁之戰和爭奪漢中，前者，諸葛亮「受任敗軍之際，奉命於危難之間」，奉使聯吳抗曹，赤壁一戰，應該說劉備是最大的勝利者，此諸葛亮之功也。而戰役本身，雖是周瑜指揮的，諸葛亮卻有運籌帷幄之功。再就是爭奪漢中，曹操以「雞肋」自嘲，自動撤出，也大抵處於劣勢。

曹操當然長於知人料事，但常使詐術，且疑忌甚多。而諸葛亮待人處事，謙虛從容。晉桓溫欲與諸葛亮比高下，問孔明生前身邊一老兵，老兵答言：「丞相在日，看起來和人沒什麼不同，死後，時間一長就覺得沒人能比得上他了。」因爲才能、修養決定人之心胸、器度、處事態度、方法。如此，諸葛亮應高於曹操。

就「德」上講，曹操自然有許多長處，無此不足以馭人才、成霸業。但曹操大到挾天子以令諸侯，小到欺詐侍從，乃至對政敵殺戮太過，甚至殺戮無辜，這都爲公德良知所不容。而諸葛亮鞠躬盡瘁，死而後已，爲政公正廉明，賞不避仇，罰不避親，其人去世，即爲人奉爲忠勇之神。這更爲曹操所望塵莫及。

不過儘管如此，曹操的領袖之風不可沒，這仍是他的霸業。只是當他走入歷史，走入人心，善惡之論述如影隨形，這是任一歷史人物都必然遇到的。

所求大事，當不疑

孝公既用衛鞅，（鞅）欲變法，恐天下議己。衛鞅曰：「疑行無名，疑事無功。且夫有高人之行者，固見非於世；有獨知之慮者，必見敖於民。愚者闇於成事，知者見於未萌。民不可與慮始而可與樂成。論至德者不和於俗，成大功者不謀於眾。是以聖人苟可以強國，不法其故；苟可以利民，不循其禮。」

——《史記·商君列傳》

一個人成就一番事業，推究起來，總有許多原因。這許多原因，必然的、偶然的，細想起來，大約每一種都是重要的。但每一種原因，說到底都是人的原因，也就是人之成就的條件。沒有人，一切原因都是徒然；若沒有人主動利用條件，條件就如同虛設。

想來炎漢式微，黃巾揭竿，天下英雄逐鹿，曹操率先對董卓發難，從而艱苦經營，披堅執銳，不避矢石，終於獨得北方天下。這與他的家世有關，使他能不費什麼力氣，就信步權門，並在上層社會佔得一席之地。這對曹操生平業績應當說是至關緊要的。這只要與劉備一比較即見分曉。劉備比之曹操應當說各有千秋，然而以一織席販履之徒起於民間，雖得諸葛亮相助，得兩川天下，終有後來居下，偏困一隅之憾。然而，曹操卻不同，幾乎始終處於國家權力中心位置，總有振臂一呼，天下矚目之優勢。

但曹操的能處也在這裡。

天下大壞，風波起處，曇花一現而瞬息如秋風落葉者亦不可勝數。曹操卻能駕馭風波而蒸蒸日上，成爲一方霸主，歸結所有原因，又僅曹操一身而已。

商君曾有言：「疑行無名，疑事無功。」

不見史蹟記載曹操重複過商君此言，但觀曹操生平業績，此爲其成就大業，其類似話語時時見於行止。

初生牛犢不畏虎

英雄本色，要有所為便必須敢於弄險。

曹操出仕是二十多歲那年，即東漢靈帝熹平三年（公元一七四）被舉爲孝廉。讀書人在當時被舉爲孝廉可至關重要了，可謂如俗語云：鯉魚躍龍門。跳進這龍門，駐京就可做卿大夫，到地方上就可以做郡國守相。曹操才二十幾歲，竟得如此殊遇，可見家世給他帶來多大幸運。

當然，起點高並不見得將來一定就成龍成鳳。師父領進門，修行在各人。曹操被舉孝廉後，正式得到的職務是洛陽北部尉，負責洛陽北部的治安。因爲洛陽是當時東漢的京城，故曹操得的第一任官職是個京官。京官接近權力中心，當然表現自己，獲得升遷的機會自然比地方官多些。但洛陽北部尉又是一個京城地方官。京城好事多，權貴也多，那麻煩事也多。所以，曹操這份差並不好當。

但曹操還是毫不畏縮的開始了，大約是年輕熱情高，當然還有萬事求個好開頭。他首先把自己的衙門收拾一新，又申明禁令，並將五色大棒十多根，莊嚴列於大堂門前左右。老百姓驀然震肅，哪個不怕棒打脊梁的！

上任幾個月後一件事便叫曹操發愣了。大宦官蹇碩的叔父仗其侄之勢力，明知曹操下了夜行禁令，但他哪裡把曹操放在眼裡，兀自出門走動。這如何是好？

蹇碩何樣能耐？靈帝宮中的一個小黃門，地位說不上說，但做的是上下左右內外通接消息的事兒，緊跟皇帝周圍。可謂官兒不大，衙門卻頂了天。尤其是蹇碩本人深得靈帝信任，手中也著實有些權力，且其人壯健有武略，是一個前程看好不得了的人物。後來，蹇碩被靈帝任命為上軍校尉，居統領禁軍之西園八校尉之首，即為證見。這當然是後話。只在說明曹操要處理蹇碩叔父甚是棘手。

另外，從政治態勢上看，東漢桓靈二帝在位是中國歷史上第一個宦官作亂時期。至靈帝在位時的熹平四年宦官便躋身朝中諸署，以爲丞、令。當時有一位地方官叫曹鸞的上書指責宦官，請求皇帝赦宥黨人，不僅事與願違，曹鸞本人被殺，其家人、朋友、學生皆遭禁錮。可見其時宦官權勢何等奪人聲氣。

曹操當然明白這些，但他還是依照禁令，毫不含糊地將蹇碩的叔父揪倒在地，不打哆嗦地用五色大棒打死了。這一招對肅清洛陽北部的治安果然奏效，不僅如此，「京師斂跡，莫敢犯者」。

曹操爲洛陽做了這件大好事，自然引起了蹇碩們氣恨，但他們抓不著曹操什麼把柄，也只有背後切齒，當人面還誇獎曹操的才幹，提議升遷曹操爲頓丘令。果然，熹平六年曹操就升遷了。對這樁事兒，若說曹操一點躊躇也沒有，也許不實際，人哪個不求平安。只是英雄本色，要有所作爲，則必須敢於弄險，所謂「疑行無名，疑事無功」，如果僅只是說初生牛犢不畏虎，那只怕太小看了二十歲的曹操。至少，從他這一作爲，這一行動表現的風範足可觀其一生。或者說他一生處事在某一方面總是不疑懼、不畏怯，甚至是敢於獻身的。不這樣看，就無以解釋他做了魏王後，一次和司馬防的玩笑話了。

曹操對司馬防說：「我現在還可以去作尉嗎？」因爲當時曹操出任洛陽北部尉是司馬防舉薦的，曹操這樣說，當然是和從前的知遇長者開玩笑，同時也顯然有一份對從前初出的自豪了。

當時司馬防回答很巧妙：「昔時我舉大王時，大王正適合作尉。」

曹操哈哈大笑，儼然當之無愧。

無膽識說不得不平話

大丈夫成就事業當有獻身精神、馬革裹屍之壯舉。

光和三年（公元一八〇）是曹操第二次出仕。之所以這樣說，是說前年曹操因一位堂妹夫被宦官殺害，曹操也被牽連丟了官。隔二年，曹操因精通古文經學，被人推薦，又被徵召回到原來的議郎任上。這時曹操二十六歲了，比之數年前，應當說是有些人生經驗了，也嚐到挫折的味道。但曹操並未畏縮，或者變得謹言愼行，依舊如當年；因爲他還必須做些什麼。

此時天下形勢是山雨欲來風滿樓，朝政日非，宦黨愈加猖獗，形形色色不法之徒橫行無忌，根源在於桓、靈二帝親小人、遠賢人。曹操年輕氣盛，頗想救時弊，有所作爲，果然也舉止不凡。這就是爲己作了冤鬼的前大將軍竇武，和前太尉陳蕃鳴冤叫屈，並委婉地指責靈帝。實際是爲士大夫黨人張目、開罪。

因爲竇武、陳蕃都是著名黨人。

竇武其人，雖爲外戚首領，但爲官清廉，奉公嚴正，且嫉惡如仇。其雖貴爲皇后之父，卻家無餘財，衣食自保而已，所得皇家賞賜全部接濟了太學生和衣食無著落的老百姓。當時宦官勢大，正是黨人李膺、杜密受牢獄之災的關係，竇武利用自己的特殊關係和槐里侯的地位，上書請求懲辦宦官，釋放黨人。

陳蕃其人望可從當時流傳的幾句歌謠可見一斑：「天下楷模李元禮（即李膺），不畏強御陳仲舉（仲舉是陳蕃的字），天下俊秀王叔茂（即王暢）。」李膺等黨人被誣陷，他也是一再冒死上書，言辭激切。因陳蕃名重天下，宦官不敢殺他，只得慫恿桓帝罷了他的官。等到桓帝死了，竇武和其妹竇太后扶靈帝登位，陳蕃又再度出山，與竇武共掌朝政，並重用黨人李膺、杜密等。雖然如此，宦官勢焰依然張烈，並騙取了竇太后的信任。待竇武、陳蕃準備逮捕宦官曹節等人，曹節等劫持太后、靈帝，擁兵將竇武、陳蕃各個擊破。最後竇武勢窮自殺，陳蕃獄中遇害。竇武全家誅滅，僅一個兩歲的孫子被其門生掩護，方得幸免。

對待這樣一樁政壇公案，自然是對待桓靈弊政的一個根本問題，士大夫都敢怒不敢言，箝口保妻子，曹操卻凜然爲竇、陳申訴冤屈，並批評朝政日非，說「奸邪盈朝，善人壅塞」，說「武等正直，而見陷害」。

曹操可謂忠心可鑒出任也甚厲害，也算是許邵預言他「治世之能臣」的一個見證吧。當時國亂主暗曹操的上書自然石沈大海，能不引火燒身也算福氣了。

當然，曹操此期上書靈帝也有獲得勝利回音的，但那也是天災不斷，瘟疫蔓延，慌了靈帝，詔臣下放言朝政得失，曹操才一再上書，批評公卿接受賄賂，坑害清正惠民的地方官，這樣，朝中的太尉許馘才被靈帝下詔免官。

但靈帝其人不濟事，大廈將傾，多言惹禍，曹操也漸冷靜。但他在郎官任上，於一片腐朽氣息裡，能虎虎有生氣地呼喊幾聲，也確實難能可貴！

初遂心願

東漢末年，曹操平黃巾，初遂其心願，如願以償地獲得了濟南國相的位置。

東漢末年，有一種有趣的風尙，名士隱居岩穴，以爲風雅。因此互相效尤，傳爲佳話。這樣，朝廷或官府知道了，以爲清高有才調，這些隱居者即被當政者注意和徵召，乃至成爲禮聘的對象。於是這些隱居者走上仕途，也身價倍增，受人青睞。此風所及，使本來沒什麼才能的人也裝模作樣隱居起來，以爲仕進的終南捷徑。

曹操因爲出身於地位不太高的宦官家庭，又無岩穴隱居而被朝廷公然禮聘的殊榮，因此反觀自量一己，難免不時自信心不足。這也是他在洛陽北部尉和議郎任上幹得有聲有色的原因之一。但無論尉官還是郎官，職位都甚卑微，小泥鰍在水桶裡掀不起什麼大浪。曹操眞正夢想的是得到一個郡守的位置，那才是一個山頭，有一呼百應之勢，約略可以施展抱負，做出聲譽來。

眞是天從人願。由於靈帝治天下，天災人禍不斷，終於釀成黃巾大起義。這就是曹操的機遇。大丈夫成就事業當有獻身精神，馬革裹屍之壯舉。曹操率兵挺槊陷陣，加入漢軍隊伍。黃巾軍雖然上層準備周密，但其隊伍實爲烏合之衆，因此來得快也敗得快。黃巾起義被漢軍鎭壓下去了，曹操便如願以償地獲得了濟南國相的位置。

郡國即相當於一個郡的面積。漢承秦制，郡縣爲地方一基本行政單位，其首腦對朝廷負責，管理屬下吏民。但漢制又參照了周朝的分封制，以一部分郡縣分封王侯，時人稱爲「郡國」。到東漢，王國封地相當於一個郡。按規定，封王只能享受封地賦稅收入，無統治權力。郡國的國相即代表中央朝廷的行政長官，其待遇亦如二千石的郡太守相等。曹操得此機會，自然喜不自勝，即馬不停蹄四處視察，了解吏民情況。

桓靈二帝流弊，濟南國所轄十縣同樣一團糟。各縣令（長）大多貪贓枉法，對上巴結權貴，爲虎作倀，在下勾結豪強，魚肉百姓，而歷任相國卻視若無睹，聽之任之。曹操來了，他一點不氣餒，上奏朝廷，一口氣罷免了十縣令、長中的八個。這一著上下震恐。那胡作非爲的一看情勢不妙，紛紛遠走外地，境內一時大治。

接著一手是把清正廉潔有才幹的官吏選拔起來，力圖吏治清明，使百姓安居樂業。

第三是整肅境內民風。漢代各地建家廟之風大盛，尤以濟南最甚。十縣之內，家廟竟達六百多座。廟多，祭祀之風也越刮越烈。國中百姓本來就生活貧困，刮地皮以張臉皮，老百姓的日子就更難過了。一些有錢的商人在祭家廟時，場面特別放肆，他們穿上郡守才能穿的衣服，坐著郡守才有資格坐的車子，還配以歌舞藝人載歌載舞，吹吹打打。在祭祀祖宗時歌功頌德，以抬高自己的社會地位，同時趁機騙取百姓錢財。因之，淫祀之風到處，百姓不堪愁苦。曹操到任弄清情況，即一舉夷平所有家廟，並曉諭官民，不准再因家祭遺害他人。

可以說曹操這三斧頭確實砍出了自己爲吏的清正之風，也砍出了自己的心胸氣象。只是隱憂也歷歷在目，以阿瞞從小之機敏，不可能不洞察於未然。因此，當年他就辭官回老家隱居了。

誅董卓，爲天下倡

明時勢，誅董卓以置之死地而後生，曹操之梟雄本色，盡露無遺。

東漢王朝滅亡的責任大約可以這樣分析。從天這方面說，是漢朝氣數已盡，即使後來出了個諸葛亮，有神鬼莫測之機，包藏天地之功，終不能使東漢起死回生。在人這方面說，則是桓、靈二帝遠賢臣、親小人種下了禍國殃民的種子；大將軍何進召董卓進京，引狼入室，則爲中央王室禍亂之始。後來群雄割據，曹操爲發展自己的勢力，則有窒息漢朝最後一息生機的責任。

但追究初始，曹操也有一功，號令天下，首倡誅討董卓。此功非曹操莫屬。縱觀當時天下英雄，能叱咤風雲者惟曹操而已。其餘袁紹、袁術輩盡不過小家子氣，守一座家園罷了。劉備固然不可限量，但當時還只是寄人籬下的一個小縣令，何能干預社稷大事！所以，首倡誅討董卓是曹操人生事業；心胸器度最具神采的一筆。

其實，當時董卓對曹操還是相當器重，很是拉攏的，比如舉薦曹操爲驍騎校尉，又想引曹操爲心腹，共籌大事。在董卓這一邊是，曹操人才難得，在曹操不能說董卓的勢力對他毫無吸引力。但曹操的明智就在這裡。董卓狼子野心，欲望很大，既無足以應付局面的才幹，更沒有讓吏民景仰的道德操行，若做一個盤踞一隅的土皇帝、地頭蛇，還湊合。要想經營天下，不淹死在老百姓的唾液裡，也必倒在其部卒的利刃下。這結局只是早晚的事。

這只要看他掌權後的一些作爲就明白了。

首先是董卓其人生性殘暴，稍有不如意，即殺人以服衆，使得朝中文武百官人人自危。又縱兵奸淫搶掠，甚至縱兵入宮，強姦宮女與公主。還好大喜功。一次派兵到陽城（在今河南登封縣東南），老百姓正在祭神，兵士即把百姓們團團圍住，將男子全部殺死，砍下頭顱掛在車轅上，女子和財物則裝上車，說是「攻賊大獲」，歌呼一路。回到洛陽，頭顱付之一炬，婦女則賞給兵士作婢妾。

此獨夫民賊何能不敗。守一腔英雄氣概對如此暴徒如何不除惡務盡爲快。

所以，曹操決不肯同董卓合作，一日改名換姓悄然逃出洛陽，走上喚起天下英雄共討董卓之路。關於曹操逃出洛陽的直接原因和出逃情景，正史記述只是一筆帶過，《三國演義》那一段驚心動魄的行刺、出逃故事，說到底又是小說家的功勞。也許羅貫中也非空穴來風，大抵曹操走上與董卓公開對抗的這一步，確須經一番置之死地而後生的過程。曹操之英雄也在這裡。

定天下者，斯人也

有成大事的胸襟，亦須有自小處著手及踏實的作風。

之所以說《三國演義》非空穴來風，是曹操一出洛陽，通緝令即隨之下達。可見他已和董卓勢不兩立了。否則，一般的掛冠而去，董卓何必動如此干戈。曹操只帶幾個隨從，快馬加鞭，抄小路匆匆往家鄉譙縣奔去。在路上也確實陷入過絕境，經過中牟（故城在今河南中牟縣東）時，被一個亭長以嫌疑犯逮捕，押往縣裡關押，這時通緝令已到縣裡，一個功曹認出了曹操。也是曹操運氣好，命不該絕，當然其作爲也確實是救國救民之善事。因此，這位功曹不僅沒有拿曹操的腦袋邀功請賞，反倒勸縣令說，世道正亂，不應拘捕天下英雄，應當讓曹操快走。縣令也眞的沒含糊。這也說明董卓的不得人心。

曹操繼續向東趕，但到陳留、襄邑一帶就著手起事了。陳留在今河南開封東南，襄邑故城在今日的河南睢縣西。爲什麼不回譙縣故鄉，只在陳留、襄邑開展工作，曹操可能有他的考慮。

陳留郡守張邈是曹操的老朋友，和曹操一樣反對董卓。陳留郡屬兗州，兗州刺史劉岱也是反董人物。這樣在陳留招募兵勇，籌備起事就會得到張邈的各種支持，劉岱也會提供方便。在襄邑則可得老友衛茲的鼎力相助。

而衛茲更是一個難得的人才，其人有謀略，講節操，且對曹操的才能甚爲了解。曹操到陳留鼓動起事，他就對人說：「平定天下的，肯定是這個人。」於此火燒眉毛之際，曹操對衛茲自然十分倚重，多次登門共商大事。衛茲鼓勵曹操說：

「動亂的時間拖得太長了，不用武力是平定不下去的。」、「要起兵現在就到節骨眼兒上了。」

他毅然拿出家財，讓曹操迅速起兵。這時曹操在譙縣的宗族、賓客、部曲也紛紛趕來，其中對曹操事業尤爲重要的有曹仁、曹洪、夏侯惇、夏侯淵等人，後來成爲曹操南征北戰的心腹將領，爲曹操的江山業績立下了汗馬功勞。

曹操在陳留、襄邑留下來，想來還有一層原由。因爲從陳留到譙縣還有一段不近的路，夜長夢多，只要曹操不在自己的勢力範圍內活動，那每逃走一步，都有被董卓緝拿的危險。

曹操在陳留、襄邑緊鑼密鼓地準備起兵，不僅運籌大方略，而且還親自做一些瑣事。比如他同工匠一起製作軍用短刀，前來看望他的豫州刺史孫賓碩還笑他。但這反映他有胸襟成大事，也有自小處著手的思想的踏實以及作風的踏實。

曹操正式起兵是中平六年十二月，此時他招募的士兵有五千。當時與曹操互相呼應的只有陳留太守張邈，其餘州郡守官吏有的還在觀望，有的也只在準備。曹操沒有等待，毫不猶豫地率先舉起義旗，以實際行動喚起各路英雄。正因爲曹操的膽識和氣魄，一個全國性的誅伐董卓的高潮迅速到來。

〈薤露行〉

「人的生命短促，如薤上的露水，一下子便乾掉」——操以薤葉上的露水，借古樂府寫時事。

曹操起兵的地點是己吾，即今河南寧陵縣。號令發出，部隊即開赴酸棗前線，這地方在今天的河南的延津縣東南。曹操當時，某種意義上說，他的旗號有點買空賣空。因爲他不是地方官，既無地盤，也無錢糧。所以，最初他還得仰仗張邈的軍需供給，行動上也得接受張邈的節制。到了隊伍開拔，途徑中牟時情況才有所改變。中牟正是他在逃被捉的地方，眞是緣份。上一回在中牟絕地逢生，這一回又如魚得水。該縣主簿任峻率衆來投不說，還將自己實際能支配的河南郡獻給曹操。曹操喜出望外，打著燈籠都找不到這樣的好事，他當即就把堂妹嫁給了任峻。

這時已是第二年正月了，函谷關以東各路諸侯或就地據守響應，或者率部赴酸棗前線會盟作戰，共推袁紹爲盟主。在各路軍馬中於曹操最有意義的是鮑信、鮑韜兄弟的部隊。鮑信處事甚有見識。董卓初到洛陽，他就認定董卓是一個心懷不軌的人，勸袁紹趁其遠來疲憊、立足未穩之機，一舉擒獲，但袁紹優柔怯弱，不敢動手。見袁紹難成事，鮑信就回到家鄉泰山拉起兩萬數千人的武裝，以應時局變化。當曹操一聲倡議，鮑信即舉兵響應，並兵臨酸棗，爲破虜將軍，鮑韜爲裨將軍。當時袁紹勢力最大，世人似乎看好他局勢，鮑信卻對曹操說：

「謀略於當世第一，能率衆除暴亂而定大事，不是袁紹其人，而是曹公。他只能暫時強大，最後必敗。」

曹操當然也視鮑信爲知己。

諸侯群起，董卓成了衆矢之的，爲應付局面，董卓也更瘋狂地殺戮擄掠了。弘農王劉辯，袁紹叔父、大傅袁隗一家五十餘人盡遭殺害。接著又挾持獻帝遷都長安，董卓大軍所到之處所殺的平民、豪富更不計其數，因悲傷董卓西遷給洛陽帶來的毀滅性的災難，曹操寫了著名的〈薤露行〉一詩：

惟漢二十二世，所任誠不良。沐猴而冠帶，知小而謀彊。猶豫不敢斷，因狩執君王。白虹為黃日，己亦先受殃。賊臣持國柄，殺主滅宇京。蕩覆帝基業，宗廟以燔喪。播越西遷移，號泣而且行。瞻彼洛城郭，微子為哀傷。

這首詩可以說是他早年思想行爲的一次總結性解答。從漢高祖劉邦至漢靈帝劉宏已歷二十二代。但這位漢家第二十二代君主作爲如何？他釀成了宦官之禍，又任用何進這樣智慮短淺卻又妄想謀大事的人，國人如何不受難。如此才有董卓這樣「賊臣」橫行帝都，對洛陽一片殘磚斷瓦，也只能使微子再度哀傷了。史載，周武王滅殷後，微子路過殷都朝歌，看宮室廢墟上已長滿了禾黍，乃作〈麥秀歌〉，以寄故國哀思。漢家天下不是也到了這地步了嗎？

情勢至此，關都諸侯雖陳兵前線，以討董救國相號召，但實際各懷一心，只想保存實力，並且沒打算與董卓交鋒。對此，曹操十分失望，他氣憤地對各路將領說：

「起義兵而誅暴亂，今大軍會合已齊，現在還有什麼疑慮的呢？如果我們剛開始舉動，董卓扶持王室，佔據長安、洛陽各地險阻，以皇上的聲威號令天下，儘管他們殘暴無道，但還是讓人擔心的。可現在董卓竟然劫持天子、焚燒宮室，舉國震動，人心惶恐，天怒人憤，這正他自投羅網，一戰即可定天下，這時機萬萬不可錯失啊！」

諸將對曹操振振之詞無動於衷，曹操決定單獨出兵，以此帶動諸將，結果僅鮑信兄弟響應，連張邈也只派衛茲帶了少量士兵隨同作戰，自己依然按兵不動。

曹操無奈，只有靠僅有的兩路人馬奮勇出擊了。他準備先佔成皋，再作良圖。但在滎陽汴水岸邊與董卓大將徐榮大軍相遇，曹操部下皆爲新兵，訓練不足，董軍卻是久經戰陣的涼州騎兵，終於激戰一天敗北。鮑信受傷，鮑韜、衛茲戰死，曹操也中箭，坐騎也受了傷，只是靠了曹洪捨命相救，曹操才幸免於難。

汴水一戰，是曹操軍政生涯的一次慘敗，也是他以血的代價換到的一次鼓舞：天下諸侯皆非救時之才，能成事者，操爾！只是他還必須從頭做起。

河南戰略

謀略於當世第一，能率衆除暴亂而定大事，不是袁紹其人，而是曹公。

曹操汴水兵敗，回到酸棗大本營，對各路同盟仍抱有希望，仍作過鼓動，並談及自己的戰略設想。佔據險要，成多路合擊之勢以威懾稱霸長安的董卓，使其不戰自敗。但仍然無濟於事，而且各路將領很快由摩擦而火併，走上各自發展、割據一方的道路。

在這樣的局面下，曹操想進攻董卓已是孤掌難鳴，或者沒有盟軍的相互支持，他的存在都成爲問題。因此，鮑信向曹操建議說：

「眼下聯盟已散，袁紹卻以盟主的身份乘勢積極發展自己的勢力，勢必造成新的禍亂，成爲第二個董卓。如果現在想除掉他，我們還沒有力量，可能還會遭到危險。不如先向黃河以南發展勢力，以待形勢變化。」

曹操覺得這個建議非常好，立即實施。這樣，曹操同關東諸將一樣，也走上了個人發展的道路。只是關東諸將是主動的，曹操是爲生存所迫。另外，還有一個目的問題。從當時諸將的行動和心胸來看，曹操舉義兵，是眞心實意的爲國除暴的，並且不計個人得失，以獻身成仁之勇力，親冒矢石孤軍作戰。這應是曹操了不起的地方，而且也應該說此時的曹操對漢家天下，是眞正的忠臣義士。這從他後來的〈讓縣自明本志令〉即可看出，「後徵爲都尉，遷典軍校尉，意遂更欲爲國家討賊立功，欲望封侯，作征西將軍，然後題墓道，言『漢故征西將軍曹侯之墓』，此其志也」。至於後來則是後來的事了。

在關東諸將則不然，擁兵自重，說到底不過是胸懷狹窄，目光短淺，甚至人格也低下得多。

曹操爲什麼需實施鄙人稱之爲「河南戰略」這一步呢？建議雖是鮑信提出來的，但對曹操卻是必走的一步棋。

最根本仍是爲了地盤。經酸棗會盟、汴水之役，聯軍解體，曹操雖有河南郡，但那地方畢竟太窄小，且曹操即便佔領那地方，說到底還未得到朝廷的正式任命。因之曹操仍無立足之地，所以曹操必須盡快找到安身之地，爲他的事業，爲他的抱負，尤其爲他拉起一支不大不小隊伍。

然而，當時群雄割據，寸土必爭，要找一塊地方談何容易。這時的劉備不也在飄泊、寄人籬下嗎？而劉備流蕩的時間更長。

但機遇來了。

當關東各郡起兵討伐董卓，陳兵滎陽、河內（今河南武陟縣）一帶時，青州（今山東省東北部、治臨淄）、冀州（包括今豫、魯北部部分地區、冀中南部地區、治鄴縣）一帶的黃巾軍和河北黑山軍，百萬之衆以燎原之勢發展，黑山軍攻鄴城（故城在今河北臨漳），又南渡黃河攻東郡（故城在今河南濮陽市西南），東郡太守王肱不敵義軍。這樣就給了曹操在河南發展勢力提供了條件。曹操迅猛異常地把部隊從酸棗開赴東郡，濮陽一戰擊敗黑山軍一部，首戰告捷。

對於曹操的行動，袁紹也非常高興，因爲對付義軍，作爲官軍他和曹操有著共同利益，更重要的是曹操在河南和義軍交戰，正好牽制、緩解了義軍對他統治的冀州的進攻。但袁紹只知其一，不知其二；只看到自己可獲得的好處，沒有看到無處藏身的曹操一旦奪取了河南，根基紮實，正是自己末日來時。

圍魏救趙之策

錢穆先生以為，

國家本是精神的產物，把握到時代力量的名士大族，他們不忠心要一個統一的國家，試問統一國家何從而立。

袁紹不僅看到曹操和黃巾軍廝殺而內心高興，而且還覺得必須對曹操加以利用，使他爲自己守住冀州的南大門，並透過曹操使自己的勢力伸展到黃河以南，使冀、青、兗三州連成一片。所以他熱心地加封曹操爲東郡太守。曹操當然明白袁紹的如意算盤，但他勢力比袁紹弱得多，也必須利用袁紹，至少不能違逆袁紹，否則，袁紹打董卓不行，但對付他剛開張的那點人馬卻是不費氣力的。因此，曹操很乖巧地接受了袁紹給他的職務，做起了東郡太守，並將治所從濮陽遷到東武陽（故城在今山東莘縣南），又趁機舉鮑信爲濟北相，以爲自己的羽翼。

從這一舉動看，曹操已有了明確的經營兗州、青州的意向。

到了初平三年（公元一九二）春，曹操屯兵頓丘（今河南清豐），突然探馬來報，義軍于毒之部隊，正進兵東武陽，曹操也立即派兵攻擊于毒西山的大本營。衆將不解，爲什麼不回救東武陽？曹操始講出一番道理：

「從前孫臏要救援被魏軍攻打的趙國，卻只去攻打魏國首都。耿弇想要趕走駐守西安（在今山東淄博西北）的張藍，卻只去攻打與西安互爲犄角的臨淄。這兩人都達到了目的。現在我先去攻于毒的大本營，于毒必然回救，東武陽的危險不就消除了嗎？如他不回救，我們摧毀他的大本營，于毒照樣打不下東武陽。」

諸將明白，于毒果然回救，東武陽之圍不救自解，行至中途，又正中曹操埋伏。至此，黃河以南的黑山義軍基地被曹操消滅。

同年夏天，兗州（佔地相當於今豫東北、魯中南大部，故城在今山東金鄉縣西北）告急，任城（故城在今山東濟寧市）相鄭遂被殺，兗州刺史劉岱陣亡。劉岱死後，州中無主，東郡人陳宮即對曹操說：

「今兗州沒了首長，無法執行王命，請讓我去州裡說說話，讓您來接任兗州刺史。如您得了兗州，也就有了爭天下的資本了。」

這對曹操自是求之不得的事了，沒有阻攔之理。陳宮到兗州，找來兗州別駕、治中等要員說：

「曹孟德有經營天下之才，如讓他來做兗州牧，則一定能擊垮黃巾，使兗州重歸太平。」

鮑信也出面勸說兗州官吏，大家贊同，曹操便不費一兵一卒得了兗州。

但這事不久，在偶爾一次巡視陣地，不料撞上大批黃巾軍，曹操措手不及，幾百人戰死，鮑信為保護曹操，不僅戰死，連屍首都沒找到，這不能不使曹操如失膀臂，傷心不已。接著黃巾軍趁勢向曹軍壓過來，曹軍剛吃了敗仗，失了鮑信，又老兵不多，新兵怯戰，全軍上下一片恐慌。曹操看在眼裡，親自穿上鎧甲，戴上頭盔，從容巡視，撫慰將士，並申明獎懲制度，士氣才振作起來。接著，看到義軍有驕慢之態，曹操便驅兵猛進，逼得義軍紮不穩陣腳只有後撤。但總體力量對比，曹軍仍不及義軍，義軍勸曹操撤軍認清漢朝氣數已盡，「蒼天已死，黃天當立」的形勢，曹操不為所動，反而大罵黃巾軍，要他們早日投降。

經營根本

解決天下禍亂，一惟民主制度；二惟各人修心養性，不貪不妄；如此而矣。

關於這一點倒是值得多說幾句，不僅是曹操對黃巾軍的態度，亦即整個中國民主革命以前歷史上的官吏對農民起義的態度，都應說幾句。中國的家天下的由來，大約有三種情況：

1. 農民造反，殺盡不平而得皇位，如劉邦、朱元璋等人。此一途成功者極少，似乎也就劉邦、朱元璋二人而已。

2. 地方貴族、權門乘天下戰亂，起兵奪天下。此一途人數衆多，項羽，曹操，孫權，唐、元、清三朝都屬此列。

3. 靠政變而奪權，隋、北宋等屬此一路，此路人數也不多。

而這問鼎天下的三途似乎都需有一個農民造反，攪亂天下的這麼一個背景。

要此乘亂而起的背景，就有一個對農民義軍的態度。態度何如，似曹操等，無農民起義造成的天下危機，他們不可能爲一代或一方霸主，但他們又似乎從來都是對農民起義取鎮壓態度。爲什麼？中國近幾十年受西方某種學說影響，說是階級的原因，又好像說不通。劉邦就是憑藉著農民起義起家的呀，那漢靈帝、漢獻帝當不忘根本，農民一起事，他們就趕緊傾聽他們的呼聲，以求利害溝通，因爲他們是一個階級呀！因之，曹操等也應秉皇帝旨意與農民義軍好生往來。

但從來都是鎮壓。當然也有招安的，但那是皇家、官家力量敵不過，不能不採取軟的一手。爲什麼這樣，想來應是一個人性本惡的問題，一個利益分配的問題。

對官家而言，農民造反，從感情上他接受不了，起碼是厭惡，進一步就是仇恨，更進一步就是趕盡殺絕而後快。這是人性本惡中容不得異己者的表現。有此一心性，加之農民起義一出現，則不問青紅皂白，有理三扁擔，無理扁擔三，一律鎮壓，一律斥之犯上作亂。

二是利益問題，坐得現存的位子，有著現存的享受，要被他人轟走、奪去，不可能，非以死相拼保住、守住。這又免不了只有鎭壓一途。

再說階級，農民起義不也是想得天下，做皇帝嗎？當初或者是爲民請命、替天行道，這樣的好心能保持多長時間，到了一天還不都一闊臉就變，忘乎所以！所以，沒有民主制度的約束，沒有天下皇帝輪流做的體制，今天起義的農民，一旦做了皇帝，明天鎭壓起農民起義比天生的官家還厲害。所以階級不是原因，今天的窮階級，明天可成爲富階級，後天也許又會一貧如洗，三十年河東，四十年河西。階級在變，人性卻不太變動，人性趨利避害之情也不大變。所以這才是官家必定鎭壓農民起義的原因。解決此天下禍亂，一惟民主制度，二惟各人修心養性，不貪不妄。

因此，身在當時，身在官家，曹操和黃巾義軍勢不兩立，也就順理成章了，不能要求曹操有佛道胸懷，也不能指望他講求民主。曹操就是曹操。既然他和義軍不能兩立，他就得打敗義軍，也只有於其行動我們才見其人生哲學，見其英雄面目。這時，無論是做戰場上的統帥，還是做官府堂上的大員，曹操都已成熟。面對強敵，他設奇計與義軍周旋，日夜進攻，義軍無計抵擋，死傷慘重，只有撤退，曹操揮師追擊，義軍只有投降。

這年冬，曹操得黃巾軍人口百餘萬，士兵三十餘萬。曹操從中挑出精鋭部分，組成了他的王牌之師「青州兵」。而例如招降大量義軍，好生安置，而非斬盡殺絕，則又恰是曹操過人之處。至此，曹操已在兗州紮下根基。其時，他的帳下也開始人才濟濟，如荀彧、滿寵、毛珍、程昱、樂進、于禁、李典、呂虔、典韋，都投到他的麾下。曹操大概也自然地感到自己應更有作爲。

吾任天下之智力

初，紹與公共起兵，紹問公曰：「若事不輯，則方面何所可據？」公曰：「足下意何如？」紹曰：「吾南據河，北阻燕代，兼戎狄之衆，南向以爭天下，庶可以濟乎？」公曰：「吾任天下之智力，以道御之，無所不可。」

——《武帝紀》

在中國人心目中，曹操以智和詐聞名的。其實，智和詐在內容上一個東西，無智不能詐，詐正是一種智慧也。只是智似是正常的、正派的，詐則是奸邪的表現。當然，這也限於一般場合上的理解，到行軍打仗，則詐與智即從內容到說法上都合二爲一了。所謂兵不厭詐，兵行詭道。所以，說到底曹操在中國歷史上還是一個智慧人物。

關於智和用智，曹操曾和袁紹有一段精采的對話，於其中很可玩味出二人心性、能耐來。

那是討伐董卓，曹操爲天下倡，大兵初起之時，袁紹問曹操：

「如果討伐董卓不能成功時，你打算到什麼地方去佔地盤？」

這情景很有點像兩個高中生去考大學，摩拳擦掌，勢在必得。但一門心思，也得兩種準備哩，假如考不取怎麼辦？曹、袁二人當然是大人物，但大人物在人生的十字路口上，其實和小人物也是一模一樣的。所以袁紹和曹操談話的情景很有點意思，也很有人情味兒。對袁的問話，曹操沒有回答，只是反問了一句：

「你以爲應怎樣才好呢？」

袁紹很有氣魄地說：「我南面據守黃河，北面依靠燕代，再向西北吞併烏桓、鮮卑、南匈奴，然後再向南爭天下，這樣，大致可能成功吧？」

袁紹這樣說當然也是腳踏實地的，但他既知曹操本無地盤，這樣說無異於一個大富豪的兒子在一個窮光蛋的兒子面前炫耀家底。因此，有大志大才的曹操未置可否，只是從用智這方面談了自己的打算。他說：

「吾任天下之智力，依情理而使用之，讓人盡其才，就可以無往而不勝。」他還說：「商湯起於亳地，周武王起於西岐，難道他們的地盤相同嗎？如同單單將地盤作爲本錢，即不知時移勢變了。」

曹操在這裡說的不是遮掩面子的話，恰恰是成大事者駕馭局面的大法則：以智應變。

而以智應變，謀事者本人必須明智，臨機能變，以此可以觀其一生行止、業績。

爲一躍而退

以退為進，以曲求津，恰恰是勇者的果斷，智者的機巧。

以智應變，最早的得意之作是任濟南相急流勇退，斷然隱居故里。因爲在洛陽北部尉和濟南相任上，甚至議郎任上，他確實得罪人了，且不是一般的人。若說曹操很害怕那些人報復他，好像也不合乎事實。因爲他的父親曹嵩本身就甚有頭腦，且當時大權在握，並在中平四年還花了一億錢買了個太尉的官職，太尉是中央最高軍事首長，東漢時與司徒、司空並稱三公。所以曹操的家庭正處在有錢有勢的鼎盛期，誰還能輕易把他怎麼樣。

但曹操還是斷然辭官，托病回老家譙縣（故城在今安徽亳州市）去了。何以如此？在曹操的人生籌畫裡，此舉則有深遠圖謀。這又是曹操，看準了就不計一時之得失。以退爲進，以曲求伸，恰恰是勇者的果斷，智者的機巧。而作爲對付現實的一種反應，曹操此舉至少有三重意義：

1.退隱以博取名聲。東漢時以名士隱逸泉林爲佳事，名重當時，曹操也深爲無此一番經歷爲憾，這一回一定要補上這一缺。

2.讓那些他曾得罪過的人，淡忘對他的仇恨，大事化小，小事化了。以免紅眼瞅著紅眼，仇越結越深，使身家蒙禍。

3.避亂等侯天下清明。因爲曹操和自己同一資格的人作了一個比較，和他一起舉孝廉的，有的人已經五十歲了，尙有進功名之志，而他不過剛到而立之年，即使隱逸二十年再入仕途，也只有那些人剛舉孝廉內的年紀罷了，時間是可應付的。

所以，他坦然打道回鄉，在遠離縣城五十里的地方蓋了一幢房子。此地四面泥沼、水澤環繞，正好隔斷外界影響，斷絕賓朋交往。曹操預備秋夏讀書，春秋射獵，修文練武，充實自己，以圖將來發展。

但由於曹操有著這樣家庭的顯著地位，加之金城人邊章、韓遂反叛東漢王朝，後馬騰等亦起兵響應。一時間朝廷震動，天下氣氛驟然緊張。這樣，曹操即使想潛下心來作隱士也不能了，何況他實際只是待機而動，待價而沽。

果然，爲應付時局，靈帝緊急網羅人才。此番曹操又在徵召之列，被授予都尉之職。都尉是郡一級的最高軍事長官，這是曹操以退爲進的結果。這一步於曹操又十分關鍵。因爲中國歷史的特殊性，以文士、文官而圖王霸大業的從來沒有，而擁兵稱王者，幾乎天下一旦風吹草動，則比比皆是。從曹操這一步看，他的官職並未提昇，但使他成爲漢末第一軍事強人，卻邁開了第一步。

伊尹、霍光之志

明於形勢，當退則退，當斷則斷，有勇有謀。

從現有的史料看，最見曹操早年心志與襟懷的莫過於回答冀州刺史王芬的一席話。可抄錄如下：

> 夫廢立之事，天下至不祥也。古人有權成敗，計輕重而行之者，伊尹、霍光是也。伊尹懷至忠之誠，據宰臣之勢，處官司之上，故進退廢置，計從

事立。及至霍光受託國之任，藉宗臣之位，內因太后秉政之重，外有群卿同欲之勢。昌邑即位日淺，未有貴寵，朝乏讜臣，議出密近。故計行如轉圜，事成如摧朽。今諸君徒見曩者之易，未睹當今之難。諸君自度，結衆連黨，何若七國？合肥之貴，孰若吳、楚？而造作非常，欲望必克，不亦危乎！

王芬當時聽信術士的話：天象變化，宦官黃門厄運當頭，閹黨到了滅族的時候了！王芬便聯絡許攸、周旌等人，同時結交若干地方豪強，欲以鎮壓黃巾餘部黑山義軍爲名，上書靈帝，請靈帝北巡河間，趁機發動政變，廢除靈帝，剿滅宦官，另立合肥侯爲帝。爲了集結力量，王芬看中了有勇謀，且手握兵權的曹操，相約起事。於是曹操就說了這一番話。

觀這一段話，從感情上曹操是傾向王芬的，誅滅宦官至少是曹操十分贊成的事。但欲從靈帝頭上開刀，這非易事；但宦官是受靈帝支持的，不動靈帝的位置又怎奈何閹黨？二者切肉連皮，王芬欲一箭雙鵰，曹操則認爲必敗無疑。因爲王芬根本不具備行廢立大事的條件，有歷史的前例作比較。

前人行廢立，最成功者伊尹、霍光而已。

伊尹是商的開國老臣，有輔佐商湯、仲壬兩朝的開濟之功。因而，當太甲登位後，多行不道，他以宰相之權，德高望重之資，大臣們言聽計從的人望，驅逐太甲，繼而又迎回太甲，使其發憤自新。

霍光爲漢武帝領兵重臣，武帝病故，昭帝年幼即位，霍光有受武帝遺詔輔政使命，任大司馬大將軍。昭帝死後，他迎立昌邑王劉賀爲帝，劉賀淫縱不軌，是大臣們進諫無效，霍光才和衆臣商議，請太后批准才廢掉劉賀，再迎武帝曾孫劉詢爲宣帝的。

如此一比，王芬一個地方長官與伊尹、霍光之地位、其威望相距何其遠也。所以曹操告誡王芬：你們這樣拉一幫子人馬，和漢景帝時吳楚七國叛亂不是有些相似嗎？再說合肥侯之尊貴也還遠不及那時的吳王劉濞、楚王劉戊吧！如果這樣，那你們的行爲不是很危險了嗎？

曹操分析古今廢立條件，周全具體，可謂已初見其謀略大匠的神采。冷靜清醒，深謀遠慮，不傲倖事功，不汲汲虛名。但這一段話，於曹操幽深的城府中，也透露出一股雄武之氣，和一種朦朧隱約的願望。他曹操人生之路是否也像伊尹、霍光一樣展開來，走下去呢？

這個揣想是肯定的。後來曹操在群臣勸他廢漢以自立時，他說：「若天命在吾，吾爲周文王矣！」這已經不是伊尹、霍光之徒，是又往前走去了很遠。

這又是後話了。只是王芬不聽曹操的告誡，後來事洩，棄官逃走，天網恢恢，已不復有生路了。而曹操由於明於形勢，當退則退，當斷則斷，有勇有謀，到中平五年（公元一八八），一躍而進入靈帝西園新軍的統帥部，即「西園八校尉」。曹操被任命「典軍校尉」，他的同僚爲上司即大將軍何進，虎賁中郎將袁紹這些人。

實際上，曹操以三十三歲的青壯之年，得以進入漢靈帝的最高軍事領導集團，這對他後來首倡討伐董卓，號令天下，乃致掃滅北國群雄……等，都是極爲重要的一步。

何必紛紛召外將

軍政大事雖係大英雄、大賢智之盛舉，然欲舉措得當，只「洞明世事、練達人情」八字。

中平六年四月靈帝死，圍繞立靈帝的兩個兒子劉協和劉辯何人爲帝，宦官蹇碩和大將軍何進的關係驟然緊張。蹇碩受靈帝遺詔擬立劉協，並打算除掉何進。但何進是靈帝何皇后之兄，且何皇后一直受寵，何進又手握軍政大權。所以這事在蹇碩也甚是難辦。當時，何進先發制人，搶先捕殺蹇碩，又聽袁紹的意見，請示何皇后把宦官殺戮盡淨。但劉辯之母何皇后因曾毒殺劉協之母王貴人，靈帝欲廢掉她，幸得宦官求情，何皇后才得以保全。因此，何后對宦官有感激之情，根本不同意何進、袁紹的主張。

這時袁紹又勸何進召四方猛將進京，以威逼何后，尤其是召董卓進京。何進沒來由又接受了袁紹的主意。當時大將軍主簿陳琳，侍御史鄭泰等都極力反對，認為無異於引狼入室。曹操也找到何進，談了自己的看法，他說：

「宦官是皇家生活的需要，從來都有，要緊的是主上不應當把大權交給他們，過分寵待他們，以致鬧到這步田地。現在要治他們的罪，除掉首惡，一個獄卒就足以把這事兒辦妥，何必亂紛紛把外地將領召來京師呢？本來不應殺盡宦官，果然要做這一步，如此計畫必然洩漏，看來這事兒是要失敗的。」

曹操的分析是絕對有道理的，是他洞明世事，練達人情的表現。從這檔事體講，何進、袁紹乃東漢禍亂之肇始者，其咎是推不掉的。其實，軍政大事雖係大英雄大賢智之盛舉，然而欲舉措得當，大約也只洞明世事、練達人情這八字。洞明世事，即可得大方略，說俗一點即知何去何從。練達人情即知如何實施大方略，老百姓急需什麼，人情常理是什麼，這樣從大處著眼，小處著手，大方略就不至於成為空中樓閣，小舉措也就會實惠於百姓與國家。這樣看，何進、袁紹都非此中人物，無怪乎後來都失敗了。我這樣說當然是千年之下的馬後炮，思量個中道理實只如此。於此一道我也不是說曹操就十全十美了。只是他肯定不能與何進等同日而語。這也是後來事態所證明了的。

另外將對手斬盡殺絕，也非爭鬥上策，也非智舉人道。將對手趕入絕境，實際也是將自己逼入絕境。這是曹操後來諸多失敗證明了的。所以，以曹操當時的身份與心情，他這一番分析就猶其難得。

這樣說是說曹操與宦官有勢不兩立之情勢，同時又知董卓只可安撫不可進用之實情。

史籍記載，曹操曾潛入大宦官張讓邸宅行刺張讓，被張讓發覺，曹操揮舞長斬，且戰且退，翻牆脫逃。更別說他多次上書靈帝，力陳宦官之禍。

對董卓，曹操深知其人狼子野心，朝廷多次要他交出兵權，拒不從命。他駐兵河東（故城在今山西夏縣西北），實際是坐等時局變化。

後來，局勢變化果然如曹操預料，董卓進京，仗著自己的兵勢，第一步就是一手把持朝政，接著便廢少帝劉辯爲弘農王，立陳留王劉協爲帝，即漢獻帝，又將何太后毒死。至此東漢王朝名存實亡。後來董卓挾持獻帝西遷長安，洗劫後又火燒洛陽，國家便陷入更深重的災難中。

諸君面北，我自向西

「各位向北朝拜劉虞為帝吧！我依然要向盤踞西邊長安的董卓進軍。」

汴水之役敗後，曹操又面臨一次人生選擇。他向每日只是飲宴的會盟諸將建議道：

「袁本初（袁紹）率河內之衆駐守孟津，其餘諸將駐守成皋、敖倉、轘轅、太谷，袁術可率南陽軍隊駐守丹水縣和析縣，並開進武關以震懾三輔。大家深溝高壘，不同敵兵交戰，多虛設疑兵，以示群雄同愾。義師共討逆賊之勢。如此，天下很快就可以平定。現在，諸君以誅董賊之名起兵，至此又各懷一心而停滯不前，我實在為大家的行為而羞愧！」

曹操所說孟津各地，形勢險要，歷來為兵家必爭之地。如果按照曹操的安排，則形成對洛陽的包圍之勢，並威震長安三輔，瓦解董卓西北軍的士氣。此不僅有不戰而屈人之兵的深意，也照顧了關東諸將各保實力的心理。

儘管這似是曹操信口說出的一個設想，且關東諸將根本不理睬曹操，也永遠只是一個設想，但這個設想非同小可，至少表現了曹操運籌帷幄的能力。而於曹操，既然是深思於心的，當然也不會輕易放棄。於是曹操北歸不再去酸棗，而是去河內，想爭取駐紮在那裡的聯軍盟主袁紹支持。然而出乎曹操意料的是，袁紹想的已完全是另一碼事。不僅如此，袁紹還想曹操支持他。

袁紹想的是一碼什麼事兒呢？

東漢時讖諱盛行，讖諱本可揭示天機大道，但也非常人智力可及的。而此時有些人為了某種目的，利用讖諱大造符瑞，說某人某人應得天命而登大位。又古星相家把天象和地面上的若干地方配合，劃定分野，當時剛好有四顆星在屬二十八宿的箕尾二宿之間匯聚，箕、尾所應地面分野也即燕地，就是幽州，而當時的幽州牧正是皇族劉虞。編出這一套神話的目的就在於說，劉虞當為皇帝。

而這一套正應了袁紹的心思，他覺得這正是自己發展勢力的好機會，因為他作為「四世三公」後裔的勢力也正好在燕一帶。這樣，袁紹儘管懇切、周到談自己的籌畫，不斷殷切地鼓動他，他卻只推託獻帝年幼，困在董卓手中死活不知，他應當另有所圖。並同冀州牧韓馥一起謀立幽州牧劉虞爲帝，並私刻金印，派人勸劉虞稱帝，稱說是上天的旨意。同時他們還拉攏曹操，要曹操的主意。曹操當知道了這些底細後，即明確反對：

「董賊之罪，國人盡知，我等興兵合衆，天下無不響應，這是因爲我們是爲國除暴。如今皇帝年幼，爲奸賊董卓控制，還沒有像昌邑王那樣破壞國家制度的錯誤，如果草率廢除了，那天下誰能夠安心呢？要眞是這樣，諸君面北，我自向西！」

曹操這裡說的昌邑王，即上一節說的霍光先立後廢的劉賀。諸君面北，我自向西，即說各位向北朝拜劉虞爲帝吧，我依然要向盤踞在西邊長安的董卓進軍，迎回獻帝。「北面」一語雙關，中國皇帝南面而坐，官吏北向朝拜，劉虞是幽州牧，正好在北方。

袁紹當時似乎還不死心，一次他還拿出一塊玉印給曹操看，說是他近來得到的，因爲玉印只有皇帝才有，人家無端送他一塊玉印，這豈不是好兆頭嗎！袁紹當個寶貝在曹操面前撥弄。不料曹視之如兒戲，大笑說：

「我不信你這一套！」

袁紹大為尷尬，又私下派人往見曹操，要曹操歸附自己。來人陳說利害道：「袁公一門四世三公，如今兵力最強，兩個兒子也長大成人。試放眼天下英豪，有誰能與之比高下呢？」

曹操沒有作聲，大約是承認袁紹現在的勢力，不作聲自然也是說，天下事還沒定哩！只是曹操已看清，關東諸將已沒有一個以漢家天下為己任的人了。這樣，他只有和他們分道揚鑣，不過他心裡面已開始防範袁紹成為第二個董卓了。

〈蒿里行〉

曹操以深刻而富創造性的建安詩風，反映了那個動亂的時代，表現其積極進取，圖建功立業，統一中國的雄心壯志。

曹操汴水之敗，如果說是受挫於董卓，不如說是受挫於他的盟友。如果袁紹等，同他一樣，揮師大進，能有曹操吃敗仗的結果！

但一連串的事實又教訓了曹操：討伐董卓，還得自己有一支強大的武裝力量。這使他一改陳留起兵時的心態，募兵僅限數千，以免樹大招風，禍及身家。當重新募兵，再次拉起自己的隊伍時，他的氣象就大不如前了。

而這一段時間，許多事情也使曹操大爲傷感。

袁紹與冀州牧韓馥玩弄讖諱把戲，謀立劉虞爲帝，固然是倒行逆施。幸好劉虞識大體，拒不接受稱帝之議，甚至跑到匈奴去躲避，這倒是給了袁紹滿臉難看。但使人氣憤的是，袁術也妄想圖謀做皇帝。

另一方面，關東諸將不能合力誅討董卓，但鬧窩裡鬥卻很來勁。首先，兗州刺史劉岱和東郡太守橋瑁鬧矛盾，劉岱拼殺了橋瑁，讓王肱做了東郡太守。接著袁紹又要韓馥讓出冀州，讓他做冀州牧，韓馥敵不過袁紹，窮途自殺。更甚者是，各路諸侯酸棗散伙後，回到自己的地盤上，即擁兵割據。如公孫度據遼東，劉虞、公孫瓚佔興州，袁紹跨冀州、青州、并州，董卓、李傕、郭記佔司州……爲了保守和擴大地盤，這些割據者，相互間又進行曠日持久的戰爭。各州牧們爭地爭利，帶給人民的就是災難深重，水深火熱。爲此曹操寫下了那首有名的〈蒿里行〉：

關東有義士，興兵討群凶。初期會盟津，乃心在咸陽。軍合力不齊，躊躇而雁行。勢利使人爭，嗣還自相戕。淮南弟稱號，刻璽於北方。鎧甲生蟣蝨，萬姓以死亡。白骨露於野，千里無雞鳴。生民百遺一，念之斷人腸。

這是一篇曹操首倡誅討董卓，削平天下禍亂的自叙狀，也是對關東諸將停滯不前的失望與恨鐵不成鋼的嘆惋，更是東漢末年國家蒙難，生民塗炭的災難史。其中「淮南弟稱號，刻璽於北方」，說的就是袁紹、袁術兄弟，一個刻玉璽擁立新帝，一個自個兒妄自尊大稱皇帝。

但傷感歸傷感，詩充其量的作用也不過言志而已。既然天下擾攘，群雄不軌，曹操要做一番事業，就必須走自己的路。事實上曹操還要拉起大軍去攻打董卓已不可能了，他得趕緊去做的事是趕緊壯大自己，爲削平新的群雄積攢力量，這就是實施筆者所權稱爲的——「河南戰略」。

奉天子以令不臣

毛玠以為，

現實勢力評估、政治戰略、經濟政策三者合一，則霸業與王道可成功實現。

我以前表述過這樣一個思想：人是人的目的，人是人的手段。這或許也可以稱做一種歷史觀、人生觀，甚至人生哲學什麼的。

這話怎麼說呢？

人是人的目的，就是說人所做的一切，孜孜以求，處心積慮，辛苦得來，都是爲了實現人的價值，或者人的某種目的。

比如得到一個什麼位置，獲得某種享受。或如我寫這麼一本書，叫做《曹操的人生哲學》，或者《曹操—梟雄人生》什麼的，我是爲著實現我的做人的目的：宣示我的知識，傳播我的思想，當然爲了活著也有稻粱謀在其中。這就是人是人的目的。這一點對於人，古今中外大約概莫能外。

再就是人是人的手段。

人要實現人的目的，誰去實現？還是人了。也就是說人爲了人的目的，役使的還是人，只是這一點情況就複雜了。大人物，有權有勢的人物，役使自己不說還能役使他人。小百姓爲了生計，無他人可役使就只能役使自己。不僅如此，對人的智慧而言，人的一切、生命、名聲、地位都可役使，都可成爲人的手段，且越是地位高，越有做爲手段做爲旗號的價值。

這就是人是人的手段，漢獻帝在東漢末年，做爲各路軍事強人手上一張牌的意義。在打漢獻帝這張牌時，打得最成功的，在當時當然還是曹操。這當然又是曹操任智的高明。

關於漢獻帝其人，在這裡應爲他說幾句話。漢獻帝劉協在中國歷史上是一個悲劇人物，其境遇令人同情，但這不是因爲他的無能，或無能所爲，只是因爲他的命不好，生不逢時，碰到的盡是冤家，先有董卓，後有曹操，這樣他一生也就註定只能是籠中鳥、池中魚。至於像有些酸腐學究硬是人云亦云斥之爲廢物、傀儡，未免過分；沒見識如此，又何必不厚道亦如此！鳥無羽翼，豈可飛天？繼任之君，又怎麼個個都是龍虎人物？既然儼然常人一個，只要是不是不爭，也確實掙扎過，何必如此這般云云。況且漢獻帝在做人的手段時，其實何嘗沒有自己的目的，只是能被他掌握的力量太小，終於是回天無力。漢獻帝的悲劇也就在這裡。

再說曹操打皇帝牌。

當時關東各路英雄幾乎都想迎回獻帝，當然各有各的目的。但迎漢獻帝最見心計，行動最得力的當是曹操。

當時的兗州治中從事毛玠給曹操提過一個建議：

「如今國家破敗，皇家被亂臣挾持到長安，現在到處都在打仗，老百姓不能耕種經營，只有四處流浪。這樣，國無餘糧，民不守土，想幹大事的人也難維持局面。現在，袁紹、劉表雖然佔的地盤大、人口多，但都沒有遠大的眼光，不能建立根本，所以他們的強大維持不了多久。打仗須正義之師才得勝利，保守成功則須錢財。應當奉天子以令不臣，發展生產儲蓄軍資。只有如此，霸業與王道才可成功實現。」

毛玠這一席話的思想眞是太重要，太重大了。它包含了三層意思：

1.現實勢力評估。

2.政治戰略。

3.經濟政策。

現實勢力評估，從人格資質上看透劉表、袁紹不可能成就大事。政治戰略，讓曹操舉起皇帝的旗號，則說話就有居高臨下，以君父臨臣下之優勢與威力。或者說，誰敢違逆他曹操，他就可以掄起皇帝的大棒杖擊誰的脊梁骨。經濟思想是當兵就意味著吃糧，打仗就得花錢如流水，民不生產，兵就沒人養，這是最簡單的事實，也是最深刻的道理。

所以曹操一聽毛玠說完就擊掌稱善，當即採納，並提昇毛玠爲幕府功曹。並開始踏實地去接近漢獻帝。

我願何時遂

快人由為漢，抱情不得敘。顯行天教人，誰知莫不緒。我願何時遂？此嘆亦難處。今我照光曜？釋銜不如雨。

漢獻帝當時還在長安，以曹操當時的實力，和他的軍事影響，要迅速迎接漢獻帝，並把獻帝迎到身邊，還不是一件容易事。但曹操之所以以明智見稱，以簡捷見效率就在於看準了要幹，就雷厲風行，即便不能很快達到目的，也得盡快創造有利條件。

為打開通向獻帝的大門，曹操最先是派從事王必出使長安。曹操的運氣很好，王必在路上被河內太守攔截，但河內騎都尉董昭卻勸張楊成全曹操，說袁紹、曹操眼下雖然結盟，但不能和好下去。曹操勢力雖然弱小，但卻是一個不可限量的英雄，應該結交他，給他方便。張楊依了董昭，董昭還以曹操的名義給長安的李傕，郭汜等人寫信，分別打點禮物。對這所有，曹操自然感激不盡。雖然戰亂凶險，山關阻隔，獨兗州至長安的路暢通無阻。

王必到長安，要致意獻帝仍不容易，因為李傕、郭汜對關東群雄只有戒心，沒有信任，想乾脆把王必扣留下來。黃門侍郎鍾繇又幫了曹操的忙。他對李、郭二人說：天下大亂，佔山為王的都各搞一套，難得曹操心裡還想著漢家王室，要是不接受他的效忠，天下人只怕都會失望的。這樣，李傕、郭汜也只好接受曹操的好意，還送了禮物回報曹操。

說曹操運氣好，是說別人碰不到的事情他碰到了。這是說的現象偶然，但碰到了也不是沒有原因。在群雄紛起之時，曹操到底頭角崢嶸，名聲在外，使人對他另眼相看。而用運氣的話說，如此情況他竟能有貴人相助，到山窮水盡處，有柳暗花明的意外。

到興平二年（公元一九五），李傕等涼州兵馬內部火併，在楊壽、董承保護下，在第二年六月，獻帝總算回到洛陽。這時曹操也大抵平息了兗州的大小戰事，眞正佔有了兗州，並在興平三年—建安元年（公元一九六）正月即得獻帝的兗州牧的正式任命。

曹操打算將獻帝迎來許縣，因爲洛陽在歷經董卓之禍後，已成一片廢墟，既無宮室，又無糧草，皇帝與百官狼狽不堪。但曹操要實施自己的計畫也不容易，因爲護駕諸將如，楊奉、董承、韓暹等都不會答應的。這時荀彧卻鼓勵曹操不能洩氣。他說：

「晉時有晉文公接納了周襄王，於是諸侯紛紛追隨；漢高祖爲義帝發喪，因而諸侯群起響應。現在皇帝遷徙不定，洛陽已破敗不堪，忠義的人們都有懷念皇家的心志，老百姓也希望從前平安的日子回來。若是利用這個時機迎奉皇帝，上合天意，下得人心。用忠於皇室的行動鎮服各路英雄，這是一個重要的策略。如此決策如果不迅速有力，其他豪傑必然也會想到。如果他人搶先一步，到那時再想辦這件事，就悔之晚矣！」

丁冲、程昱也對曹操說：「您平常時露匡濟天下、輔佐君主之志向，現在是做進一步的時候了！」

曹操覺得各人所言，很是對自己的心事，立即派曹洪帶兵西迎獻帝，只是曹洪西進的路上已遭到國舅董承、袁術部將萇奴領兵憑險阻拒。這表明曹操要迎來獻帝還需做許多事。而在做這些事的時候，每一瞬間都會發生意想不到的變化，而每一種變化都可危及他的事業與命運。因此曹操賦詩寫愁：

快人由為漢，抱情不得敘。顯行天教人，誰知莫不緒。

我願何時遂？此嘆亦難處。今我照光曜？釋銜不如雨。

——〈善哉行〉

曹操在這裡嗟嘆自己的忠心不能在獻帝面前表達，憂患天子教化政令的實施成敗難測，而自己的滿腔愁苦，還不如天上的雨，即便浸雨連日；但仍可說停就停了。

曹操在這裡對漢家天下，是否忠心可鑒，很不好說，但苦苦希望迎漢帝之情卻是眞的。

正因此，曹操才成於憂患！

坐定遼東

曹操說「吾任天下之智力」，就是說他要使用、統馭天下智能之士與勇力之士以成就一番事業。

我們這裡講的實際，是就現代「智力」這個意義講曹操個人的智能表現，和若干人生事業的態度的。關於個人智力，觀曹操一生，既是一國大王，又是三軍統帥，更是智囊人物。

關於任天下之智力實際應當在用人才這一個大題目下講的。只是曹操作爲一代霸主，其業績輝煌，當然首先在於他能使賢才爲其用，正因爲這樣，其事業碑傳連篇累牘，那他用賢才之事蹟也頗讓人饒舌述說。所以，專在這裡講若干曹操本人的智力。自然自己能「使」智力，也少不得與他人磋商。人才也只有在人才的堆子裡，互相啓發，互相碰撞，才變得更像人才、更是人才了。所以說曹操個人智力，少不得也說別人，一與衆本來就切肉連皮的。這裡不過爲作文章而生硬宰割，以使話題好說些，以使道理好講明些。

如此，這裡再講曹操兩則「智力」故事，以見其爲人的某些獨特處、過人處。這裡先講坐定遼東。

曹操於官渡之戰擊敗袁紹之後，又相繼平定河北，這時袁家只剩袁熙、袁尙兄弟二人了。袁氏兄弟兵敗國破，無處投靠就去了烏桓。烏桓，即烏桓山，在今遼寧昭蘇達盟阿魯科爾沁旗附近。東北方諸族因在西漢初年被匈奴擊敗，逃難到烏桓山，因之即以山爲族名、國名。此地處塞外，從中原去那兒道路凶險，袁氏兄弟跑到烏桓大約也是比較保險的了。

但東漢以來，烏桓向來就是國家的一塊心病。他們吸收中原文化，完成了從原始矇昧到國家文明的過渡，逐漸強大起來，就和匈奴聯合，不斷侵掠漢朝，邊塞各郡不堪其苦。東漢王朝也很是爲之頭痛。曹操和袁紹在官渡對峙時，烏桓也曾派兵將幫助袁紹，所以走投無路的二袁去投奔了烏桓。也就出乎這種歷史與現實的考慮，曹操下決心涉險遠征烏桓，一爲邊塞長治久安，一爲消滅袁氏殘餘勢力。因爲袁氏在河北經營的時間長，袁紹及其部下高明的謀士給河北到底做了許多好事，尚有民心。如此，留下二袁在烏桓，則就有捲土重來之危險。

曹操冒險出征，用奇計穩住烏桓人，又用名士田疇作嚮導，用長途奔襲的戰術，從小道一舉擊敗烏桓，使二十萬人歸降。這樣袁熙、袁尚又無安身之地，只好帶了幾千騎兵逃往遼東郡，投奔遼東太守公孫康了。

就是到這時，曹操的卓越處表現出來了。遼東郡治所在襄平縣，即今天的遼寧省的遼陽北。公孫康父公孫度，曾自立爲遼東侯平州牧。康繼父業依然割據一方。曹操曾籠絡度，表他爲武威將，封永寧侯，公孫度不領情，說自己想做遼東王，一個永寧侯算什麼。公孫康繼位，卻把永寧侯的印綬從武庫中取出，給了他弟弟公孫恭。公孫康的歷史背景與曹操的關係大抵這樣。

當二袁投遼東時，有人即勸曹操乘勝追擊，捉拿袁氏足弟。曹操說：

「我要公孫康把袁家兄弟首級送來，用不著再勞動大軍遠征了。」

果然，曹操班師途中，公孫康就把袁家兄弟及其重要將領的首級送來了。衆將與謀士大惑不解，莫名其妙，不禁疑問原因。曹操就說：

「公孫康一向疑懼袁尚等人，袁尚等窮途投靠，我們要是逞兵威，他們就會聯手對付我們。但我暫時不去攻他，讓他們自相殘害，二袁被擒斬首就勢在必然了。」

衆人大悟，恍然中莫不敬服。事實確如曹操所料，公孫康擔心曹操征討，接納二袁等，待等到曹操已從柳城（在今遼寧錦州市內）撤軍，馬上意識到自己的大患不是曹，而是二袁。而袁尚也和袁熙約定，公孫康請他們兄弟赴宴，即在席間殺死公孫康，佔據遼東，再圖發展。而公孫康也有準備。兄弟走進宴會場，還未落座，公孫康大喝一聲，刀斧手一擁而上，將二袁綁了，扔在地上。袁尚當時凍得發抖，央求公孫康說：「我還沒死，實在冷得受不了，望給張席子墊在地上。」公孫康冷笑著答道：「你腦袋就要被割下送到遠處，還要席子幹什麼！」

可憐袁紹一門，數代顯赫，輪到袁尚輩，雖有膽力，就是見識差了些，遭此世亂，竟落得如此淒惶。

這也是曹操知人知世，不戰而勝。

二袁梟首，公孫康因此得任左將軍，封襄平侯。

勝一人難，勝二人易

黑雲蓋頂時，操尤能見雲隙之外的勝利霞光，實為其為帥魅力之所在。

《三國演義》上有這樣一個細節，曹操與馬超在潼關之下對峙，探馬來報韓遂率十萬大軍增援馬超，曹操聽了開懷大笑，衆將不解。後來曹操自己解釋是：「勝一人難，勝二人易。」

正史不見如此記載，只有類似的戰術運用。

當時正是曹操擊敗馬超、韓遂的渭南大捷之後。回想幾個月來的兩軍交戰情況，雖然打勝，但一些將領對曹操的戰略戰術仍不理解，有人就問：

「仗一開始打起來的時候，敵人佔守潼關，渭水北岸防守空虛，主公不從河東渡河西擊馮翊，卻屯兵潼關之下與馬超對立，待廝殺了許多時日才去渡黃河，這是什麼道理呢？」

渭南之捷是曹操赤壁敗北之後所取得的一次大勝利，對掃除大家心頭的陰影，對徹底地解除曹操在西北的軍事威脅有巨大的意義，所以，曹操這時也挺開心，並振振有詞地回答了大家。他說：

「敵人擁兵守著潼關，渭北以北防守雖然空虛，但我們要是對河東用兵，對方必定分兵把守黃河邊上的各個渡口，這樣，我們想要渡河也渡不過去了。所以，我只屯兵關下，作出持久攻堅的樣子，使敵人也把兵力集結到潼關上來，使黃河西岸的防守眞正處於空虛無備狀態。這樣再出其不意地讓徐晃、朱靈二將軍領兵渡河，因之便不費什麼力氣就攻佔了黃河西岸。由於徐晃、朱靈在河西站穩了腳跟，他們有戰鬥力，因而也就可以成功地牽制敵人，我大軍也就可以順利地北渡黃河。如此，若急於做成，則欲速則不達，緩而圖之，反可迅速奏效。過了河，我軍又以兵車相連，建起柵欄甬道，使兵士穩固向南推進。敵人見狀以爲我軍怯戰，弱而不足慮，而大軍有柵欄掩護又使敵人無法攻擊。渡渭水之後，我大軍又深溝高壘，堅守不戰，是爲了進一步使敵人產生驕慢輕我的心理。令人失笑的是，馬超無謀，如此局面他不去率領兵卒加固城防，添築堡壘，卻要來找我們割地講和。答應他求和的要求，實際也是爲使他們鬆懈戒備，我們也獲得休息的時日。到後來，有了機會，我軍捏成拳頭，迅猛攻擊，立即產生『迅雷不及掩耳』的效果。這個中用兵之道盡在變化與以變應變之中。」

諸將聽完，恍然有所領悟。但戰事初起，關中諸路人馬每到一部，曹操都喜形於色，諸將又問道理。曹操又解釋說：

「關中是一個大平原，如果馬超、韓遂等各自守住險阻，大軍一個個地去攻打，攻城奪隘，艱苦尤甚不說，時間少說也得一兩年。而他們卻自己集中到一塊兒了，人數固然多，好像很強大，卻實際是一盤散沙，沒有一個統一的指揮，卻可能互相牽制，這就使得我們有機可乘，一舉消滅他們，這就比一個個地去收拾他們方便多了，我怎麼會不高興呢？」

衆將敬服。

曹操到底是不可多得的帥才。遠涉山川，馬超、韓遂又不是尋常對手，他自己對馬超的評價也是：「馬兒不死，我無葬身之地矣！」英雄固然有虎膽，但到底也是尋常的血肉之軀，哪有不畏敵的！畏而不怯，於黑雲蓋頂時，尤能見雲隙之外的勝利霞光，這實是曹操為帥魅力所在。在這裡，曹操實施勝一人難，勝二人易的策略過程，也尤其值得玩味。

曹操過了渭水，不同馬超交戰，逼得性急少謀的馬超只想割地求和，曹操便趁機實施離間計。

馬超那邊派韓遂做代表，雙方在陣前會面，商談具體媾和事宜。見了韓遂，曹操卻只與韓遂談老交情，比如他和韓遂的父親同年舉孝廉啊、他自己又和韓將軍年齒相彷呀、又嘆息人生匆匆，轉眼都是行將老邁之人啊；又談洛陽京中的老朋友的事情，閉口不談雙方戰事。韓遂有意說起，曹操便像沒聽到，只是照自己想的講，講得高興了，二人又拍掌大笑，顯得甚是投機火熱。

這一回去，馬超便起了疑心。

幾天後，曹操又派人給韓遂送去一封信，信上幾處又故意塗改，馬超看過，對韓遂更加懷疑了。到這時，曹操便趁機發起總攻，馬超、韓遂等互不救應，便釀成關中軍慘敗，多員大將被殺。

不過曹操破馬超、韓遂等，除了兩方在智謀這一條不能同日而語，比如曹操本人就是一智囊，不僅精通兵法，而且極通虛實變化之道，且身邊還有一智囊團。而馬超、韓遂智謀不及曹操，更兼身邊竟無一個籌謀之士，這是他們必敗的原因之一。但曹操之成就想多少總有運氣，甚至天意的成分。比如渡黃河那次，諸葛亮說曹操是「殆死潼關」，《三國志·魏書·許褚傳》說曹操若非許褚拼死相救差不多就沒命了，即所謂「微褚幾危」。且馬超對曹操派徐晃、朱靈渡黃河，也有分兵拒守之議。只是每次曹操都是贏家。曹操之謀不錯，曹操之運氣也常出人意外的好，這豈非同樣是一方霸主人生之福分！

惟才是舉

自古受命及中興之君，曷嘗不得賢人君子與之共治天下者乎！……今天下尚未定，此特求賢之急時也。……今天下得無有被褐懷玉而釣於渭濱者乎？又得無盜嫂受金而未遇無知者乎？二三子其佐我明揚仄陋，唯才是舉，吾得而用之。

——〈求賢令〉

今天下得無有至德之人放在民間，及果勇不顧，臨敵力戰；若文俗之吏，高才異質，或堪為將守，守污辱之名，見笑之行，或不仁不孝，而有治國用兵之術，其各舉所知，勿有所遺。

——〈舉賢勿拘品行令〉

曹操一生之於「人才」頗多是非，甚至僅就這一點，他也是中國歷史最多是非的人物之一。他愛人才，似乎沒人能超過他，比如對荀彧，對郭嘉，對丁儀、崔琰……等；而他的忌才，似乎也甚出名，比如對楊修、對司馬懿、對張松……等，亦不一而足。

但曹操的「人才思想」，從他的人才思想中呈現出的人生哲學，在一般理論層次上卻似乎也沒有什麼是非可言。這種人生哲學中的人才思想，最集中的體現就是他在一則求賢令中提出的「惟才是舉」，這個惟才是舉眞是了不起，可以說它是一個標準，是一個理想，也可以說是一種眼光、一種期待、一種胸懷。也可以說是曹操對中華民族人才思想的一個大大的貢獻。事實上，惟才是舉在曹操之前很多領袖人物都做到了，後來許多人也有過之無不及，比如周文王、齊桓公、漢光武帝、唐太宗等。但衆多的領袖人物，就曹操這麼響亮地提出了惟才是舉，這就是曹操的長處，曹操的功績了。這當然有天下三分無人才即無事業的形勢使然，也是曹操個性通脫的表現。說得這麼漂亮、簡捷，似又得益於他的詩才、文才和膽識。它雖然沒有劉備三顧草廬諸葛亮出山那麼有情有致，影響那麼大，但在在也值得大書特書，感謝曹操給中國人留下這一份財富。

天下三分爭人才(一)

曹操是愛才的。因為他自己是一個成大事的人才。

惟才是舉，在曹操既出於他愛才的天性，更出於三分天下形勢所逼，這也是事實。

三分天下爭人才，這局面是人才幸運的時代，但又以爭戰不斷、生靈塗炭為代價，所以其情景尤為令人感動、感慨。

向來事業之爭就是人才之爭。事業的成就也就是人才的成就，和使用人才的成就。

論三國曹、劉、孫三人，可謂各有千秋，斷難貿然說誰就絕對要高明些。但相對地說，曹操的軍事指揮才能，處事臨機應變的才能，乃至政府體制建設的能力，明顯地則比孫、劉強得多。尤其曹操的軍事才能，在整國中國軍事史上他都是第一流的人物，能出其右者寥若晨星。他眞正的失敗也就赤壁之戰和放棄漢中這兩次，而眞正的慘敗，實際也只赤壁之戰這一次。爭漢中雖然也是敗局，但撤軍之時遷走當地的大量百姓，這也給後來諸葛北伐留下了隱患，所以還不能說完全是失敗。當然，曹操的文學才華更不用說。

孫權是一個守成的主子，歷來史家對他似乎並不看重，即便寫三國歷史，寫吳國也比較吝嗇筆墨。但孫權也有他許多曹、劉不及的地方。他一生固然沒有曹、劉那樣具傳奇色彩，沒有曹操那麼多戰場實績，但也絕對沒有曹操與劉備，如赤壁和彝陵那樣的慘敗。他兢兢業業、知人善任，從容應對曹、劉，連曹操看到他的軍容都感嘆：「生子當如孫仲謀！」撇開敵國相爭利害情感，僅以惺惺相惜眼光看對手，曹操這種長者之嘆可謂對孫權讚許有加。

再就是劉備。我把劉備放在最後說，我承認我對他有著特殊的情感，這並非受《三國演義》尊劉抑曹影響，只是他和諸葛亮聯繫著，他的諸多情況令人同情。論其人才，在軍事上他是不能和曹操相比的，大的戰役他幾乎無勝績可言，彝陵之敗幾欲斷送蜀中江山。但他愛民如子，忠義待人，禮賢下士，敗而不餒、愈挫愈戰，這又是曹、孫二人所不及的。之所以令人同情，他使人聯想到時勢給人的機遇是不平等的，想到人才、抱負是重要的，但人才要實現抱負，也要條件。想劉備一介草民，從零做起，在群雄爭戰之中，他要趕上曹、孫，該經歷多少艱難，後來雖有諸葛亮扶持，但也只能讓人家佔盡天時、地利，而自己則只有秉一份人和，行聯吳抗魏之策，去蜀中闢一方天下。後來又竟以一己義氣，東征孫吳，使自己在白帝城含恨辭世，這惡運的影響直使諸葛亮病故五丈原前線。這於劉備、孔明作爲一人生結局，沒有什麼，我們應與孫、曹一樣待之。

但它反映了一個人生與人才後來居下的命運。所以，我在去白帝城，寫下一篇〈白帝城隨想〉時我說：「這就是『白帝城托孤』的所在。劉備伐吳失策，全軍覆沒，逃到白帝城便臥床不起，急召丞相諸葛亮來白帝城交待後事。這確實是一個催人淚下的瞬間。三國鼎立，劉備後來居下。而如此生死交託，分明表現了強者的顫慄，與弱者的呼喊，此一瞬間劉備卻扮演了強與弱的雙重角色，悲劇的震撼力也在這裡表現得讓人刻骨銘心！杜甫有詩云：『出師未捷身先死，長使英雄淚滿襟。』這豈止是說後來的諸葛亮，所有壯志難酬的英雄不都因之扼腕長嘆嗎？」劉備與諸葛亮所給予人的沈重就是這樣。

當然，劉備本人還是一員猛將，個人勇武可能高於孫、曹。

天下三分爭人才(二)

惟才是舉，是曹操尊重人才，實際、不苟求、不求全責備的眼光，是他吸引人才、使用人才的一種氣度與自信。

曹、劉、孫三人長短處大略就這樣。

但一份大事業向來就是人才群體的事業。

觀天下三分人才分布的情況即見出這一道理。曹操由於出身門第優越的人家，稍年長一點即交結社會名流，受人青睞，有些評價尤其之高。加之二十歲就走上仕途，於是個人的雄才大略得到及時又充分的施展，這樣，在天下三分的霸主中，他的營壘中的人才數量也是最多的一個。

孫權的情況也類似曹操。儘管他本人比曹操的開創性差得多，但他身邊的人才卻不少，正如諸葛亮所說：「東吳已歷三世，國險民富，賢能爲之用。」

劉備卻差得多，他後來居下，不僅地盤上只能佔有邊遠的益州，他擁有的人才在三分天下中也最少。這一點到後來，表現在戰場上，正如民謠說的：「蜀中無大將，廖化作先鋒。」

據現在能看到的典籍記載看，魏、蜀、吳三國人才的比例大約是三：一：二。具體一點，魏國有謀士二十幾位，著名的有荀彧、荀攸、郭嘉、賈詡、劉曄、程昱、司馬懿等，戰將有三十幾名，著名的有張遼、曹仁、曹洪、曹眞、曹休、徐晃、夏侯惇、夏侯淵、許褚、于禁、李典、樂進、呂虔等。吳國的謀士十幾位，著名的有周瑜、魯肅、諸葛瑾、闞澤、張昭、陸遜等，戰將有二十幾員，著名的有周瑜、程普、韓當、黃蓋、丁奉、呂蒙等。蜀國的謀士不到十數名，諸葛亮、蔣琬、費禕最出色，戰將也僅上十名，如關羽、張飛、趙雲、馬超、黃忠、魏延都負威名。從這數量名單上看，魏國實力最強大，吳國較次，蜀中最弱。

但其人才質量又非這樣，大約可以這樣說，第一流人才以蜀國最多，魏國次之，東吳更少一些。像諸葛亮，史稱三絕之才，即軍事、政治、經濟都沒人比得上，不僅冠絕一時，甚至爲中華民族古今一傑。所以唐代大詩人杜甫稱之爲「諸葛大名垂宇宙」、「萬古雲霄一羽毛」、「伯仲之間見伊呂，指揮若定失蕭曹」。這就是說諸葛亮之才，只有商朝開濟三朝的宰相伊尹可比，只有幫周文王、周武王滅紂興周的呂尙可比，漢朝的開濟宰臣蕭何、曹參比之還差幾等。這當然非溢美之詞。儘管蜀中實力最弱，諸葛亮在世時，孫吳、曹魏都不敢正眼瞧益州，即是明證。還有關羽、張飛等，在戰場上的武威，三國將領能與之爭高下的也不多。

如東吳，有周瑜、魯肅等，都是深謀遠慮、識時勢、通權變之士。且因諸葛亮力主蜀吳聯盟，曹操就不能不強烈的期求有更多更傑出的人才投到他的麾下，幫助他籌謀，以完成統一華夏的夙願。

求賢令

或堪為將守，守污辱之名，見笑之行，或不仁不孝，而有治國用兵之術，其各舉所知，勿有所遺。

曹操最早一次下令求賢是建安十五年（公元二一〇），令文云：

自古受命及中興之君，曷嘗不得賢人君子與之共治天下者乎！及其得賢也，曾不出閭巷，豈幸相遇哉！上之人求取之耳。今天下尚未定，此特求賢之急時也。「孟公綽為趙、魏老則優，不可以為滕、薛大夫。」若必廉士而後可用，則齊桓其何以霸世？今天下得無被褐懷玉而釣於渭濱者乎？又得無盜嫂受金而未遇無知者乎？二三子其佐我明揚仄陋，唯才是舉，吾得而用之。

這時是赤壁大戰後的第二年，當時吳國三軍大都督周瑜病逝，孫權把南郡

（故城在今湖北江陵縣）借給劉備。此後建安十九年、建安二十年曹操又兩次下求賢令，情辭又更加懇切了。而這時形勢對曹操統一天下更爲不利。建安十九年劉備已攻破成都，得兩川之地，三國鼎立的局面也眞正形成。而這時曹操也已六十三歲。中華三分，大業不成，所以曹操內心尤爲憂慮，連連下令求賢，以佐其事業，並明確提出唯才是舉。

應當確認曹操的求賢令是在特定的形勢逼迫下發出的，如果說他渴慕人才全是一時情勢所逼，那就委屈曹操了，不符合曹操爭取人才，利用人才的實際了。甚至可以說，惟才是舉的思想也是貫穿他一生的。如果沒有這種思想，曹操大概是不可能從一個逃難京官，手下不過幾個親隨，足下不曾有寸土，幾欲白手起家做到掃滅群雄擁有北方天下的份上。像許多智勇之士，原本就是他的敵人營壘中的，但因種種機遇都集合到曹操麾下了，或衝著他雄才大略、能治亂定天下的名聲而來，或神往他轟轟烈烈、言必行戰必克的實績而來，或者被曹操擊破營壘俘虜而來，曹操且能取其才不問過去，因而人才能爲他所用。像他手下主要謀士荀彧、郭嘉即來自袁紹帳下，主要戰將張遼、張郃即分別來自呂布和袁紹陣營。且如張遼、荀彧等輩約佔曹操營壘人才總數一半以上。如此情勢，是需要某種人格魅力才能吸引得住，是需要博大的胸襟、氣度方能容得下的。

但，如曹操這樣做，所有的愛才和用才之領袖人物都是這樣做的。當然，曹操能加入愛才重賢的領袖人物之行列，應該說這也是一份歷史的榮耀，是曹操一處偉大的所在。但嚴格地說，這不是曹操的特別處，這不能見出曹操的人生哲學與人才思想的特別處。

曹操的特別處，仍是那四個字：惟才是舉。

這個惟才是舉，是曹操尊重人才實際，不苛求，不求全責備的眼光，這是他在道德原則與利益原則衝突中的靈通，這是他吸引人才、使用人才的一種自信與氣度。

也正是在這一點上，曹操的人才思想才眞正見出打上曹氏印記，這是值得深談細說的。

高世之才，遺俗之累

俗話說：人無完人、金無足赤。

人才經一番努力，才能確實有登泰山而小天下之勢，因此也就難免與衆不同，爲常人所不能理解，這也就是人才的「有高世之才，遺俗之累」。

才與德，歷來是中國人判定人才的兩把尺子，或者這又是一對矛盾。

俗話說：人無完人，金無足赤。大抵十全十美的人才總難得找到。往往是十分人才，常常也有七分缺點。看人才做事，出手不凡，以一當十當百，那果然讓人心動神往，若驀然看他做人也叫人目瞪口呆。這是一端。從人才也是「人」這一點看，人才也有七情六慾，他之所以爲人才，無非他從爹娘那兒得來的資質好一些，或者後天更鍾情某一藝能，更努力一些，因而成其爲人才。這樣看，人才有這樣缺點，那樣不足，此亦人之常情也。

從另一端絕對的才看，所謂才也無非是一種能量。這樣看，那所有技能都是才了，包括飛檐走壁，偷雞摸狗都是才能、才幹了。這樣發展的極端就是「賊是小人，智過君子」，或者「道高一尺，魔高一丈」。或者從人文的正邪、善惡消長言之，還有「胎生、卵生、濕生、化生，生生不息，天道、地道、人道、鬼道，道道無窮。」如此看人才，那人才不僅是一種存在還是一種評價了，當然更是一種使用，因一種什麼目的而使用了。

另外，還有一個「人才環境」的問題、「人才自命」的問題。

一個人總是在一定的環境中生存的，人才首先是人，當然也是這樣。或者還如老百姓體恤的那樣：「貴人多磨難。」人才如果處在困難中，也許也就有非常之舉。那麼怎樣看待人才的非常之舉，就要設身處地爲人才想想。即便偷盜，果然道德敗壞，當然要鄙棄之。但人才若是迫於一時，本來大節不虧，後來又幡然改過，依然正人君子一個，那就沒什麼了。或者，人才所處的環境本來就是要不得的，是社會的不公，是生活的反常，人才這時與命運抗爭，與環境抗爭，即使過火，即便偏激，也是可以理解，甚至是應該的。

人才自命的問題歷來是至關重要的問題，這不僅是人才本身的問題，也是考察社會風氣和使用人才者的大問題。

應當承認，大凡人才總是有些頭角崢嶸的，這不僅說他偶爾露才，更是說他也有個性，特別是他懷才不遇的時候。一般說來，只要是人才，特別是大才，具有忠正之氣的大才，他的品格絕對不會壞到哪兒去。只是他們的行爲可能有些出格，性情有些傲岸，甚而乖張。這是人才的自命問題，或者說是人才的自負。關於這一點，從主觀這一方面講，大約可以這樣說，人才，是眞正的人才他可能天生氣度超凡，這樣就沒有必要，也不應該用凡俗的標準去要求他們。當然他們本身倒是要注意練達人情，隨和人事。再就是他們經一番努力，才能確實有登東山而小魯，登泰山而小天下之勢，這就難免與衆不同，爲常人所不理解。這在人才本身就是所謂高世之才，有遺俗之累。在客觀上則有點像一條船一桶水。一條船只有裝了貨，它才穩穩沈實地航行，一櫓一槳地搖得踏實。倘是空船、半船，它就不免在水上行得輕飄，即如人才的缺點。或如一桶水，人才總是滿桶了。滿桶便沈靜，沈靜就顯得倨傲，就有些自命不凡的味道了。這樣就趕不上半桶水響亮熱鬧。

於是，對於人才自命的現象大抵就這樣，有眞本事，就會走自己的路。只有不才之徒才去攀龍附鳳，因爲他們沒本事就只好在人事關係上下功夫做手腳了。

說這個，可能太跳脫了曹操的人才思想了，然而，這是一般的看人才、用人才的心理學，只有稍稍說及一些，曹操的惟才之舉才好說些，也好見出曹操出脫的地方。

蘇秦非信，陳平不篤

> 發現人才、重用人才，可再造人生。
>
> 惟才是舉，淡化了德才矛盾，因功利與目地的原則，使其在事業上的境界達於臻善，是一種智慧、一種高明。

正是正視人才作爲人的實際情況，曹操表明務實的態度，用其長的原則，取大要不計小節的原則。因而，提出惟才是舉，不僅淡化了德才矛盾，甚至可以說是在取消道德要求的勇氣之上，因功利與目的原則，使之在事業的境界上達到德才統一，德才合一。

這是一種智慧，一種高明。從來成熟的政治家，高明的軍事家都是這樣。人不是人的手段嗎？

正是在這個基礎上，曹操在三道求賢令中開列一串有大才同時也有大缺點的人物名單。事實就這樣，歷史以其輝煌的成就，原諒、隱逸了他們出山之前的不足，那麼後來的人爲什麼不給人才以創造歷史輝煌的權利呢？

並且，這恰恰又是事業的需要。這才是至關重要的。所以曹操說，自古以來無論開國之君主，還是中興之帝王，哪一個不是得到賢人相助，而完成大業的？而那些賢才，又往往是埋沒在人群中，出沒在街巷里弄百姓裡，他們臉上並沒有什麼特定標誌，並不是僥倖能碰到的，而是要當政的人悉心訪求。求得了人才便要正視他們，承認他們，因爲他們首先也是人。

所以曹操特別提到管仲、蘇秦、陳平這些人，這些有明顯大缺點，卻又是大才的人。

管仲年輕時就有貪財好利的毛病，他同好朋友鮑叔牙合夥經商，他總是佔鮑叔牙的便宜。分利息時，他拿了自己的一份不說，總是還要鮑叔牙的那一份也搾一點去。因此名聲不好。並且他還是齊桓公的政敵，對齊桓公有一箭之仇。但就是這位毛病不少，才幹也超人的管仲，提出「尊王攘夷」的主張，幫齊桓公九合諸侯，完成齊桓公的霸業。

蘇秦說不上是一個守信譽的人，也沒有確定的政治操守。他曾以連橫說秦王，被秦王婉絕。後又以合縱說關東六國，佩六國相印。秦破壞六國合縱，齊國攻取燕國十城，就是這位蘇秦憑三寸不爛之舌，讓齊王歸還燕國十城。且阻遏了強大的秦國對關東六國的侵掠，使戰亂頻仍中的百姓過上了十幾年的安定日子。這都是蘇秦的功勞。

陳平似乎天生是個壞坯子，長得一表人材，卻有和自己的嫂嫂私通的惡名，擔任一點社會職務，又守不住困窮，接受人家賄賂。漢高祖劉邦沒有計較他，反倒重用他，就是這位「盜嫂受金」的陳平，在劉邦死後。呂后當政，漢家天下岌岌可危的時候，他沈著運籌，一舉誅滅諸呂勢力，迎漢文帝登位，又任國相，使漢家天下安全渡過「瓶頸期」。

還有吳起殺死妻子換取個人信譽，韓信乞食漂母，又受胯下之辱，被人恥笑等等，都是以大才伴著大缺失而走向事業輝煌的。

所以，從「事業」和「人」這兩個方面來講，苛求是沒有必要的，求全等待則更是愚蠢。事實上，對於使用人才本身就有個「利益」的原則，和「再造人生」的前景觀。

用人才是爲了事業的發展，並不是爲了要一個十全十美的人，當然有十全十美的完人當然好，如果一時沒有，硬是要不顧事業，硬是要像尋找「夢中情人」一樣去尋找，豈不捨本逐末。況且壯麗的事業本身也可使人才美好的素質得完善的發揮，也會使其人品完善。試看，管仲當了齊桓公的宰相可還有劣跡？蘇秦不守信用，豈不太半因爲當時各國利益需要智慧高人善於翻覆調理？陳平自到劉邦身邊可還有女人問題、金錢問題？這豈不是發現人才，重用人才，也可再造人生嗎？

勸君做個魏無知

所謂：「水太清則無魚，人至察則無徒。」一定要人才乾乾淨淨、清清白白、唯唯諾諾，只怕天下也沒有什麼大事業了。

曹操的三通求賢令，雖然文字都不長，但幾乎可以說字字好文章，句句好見地。試品味幾則：

若必廉士而後可用，則齊桓其何以霸世！今天下得無有被褐懷玉而釣於渭濱者乎？又得無盜嫂受金而未遇無知者乎？

眞是曹孟德之語，別人是說不出的。通脫、痛快。一定要人才乾乾淨淨、清清白白、唯唯諾諾，只怕天下也沒有什麼大事業了，所謂：水太清則無魚，人至察則無徒。只是千里馬常有，伯樂不常有！

夫有行之士，未必能進取；進取之士，未必能有行也。

士有偏短，庸可廢乎！有司明思此義，則士無遺滯；官無廢業矣。

人的才具也眞奇妙。有的人看上去怎麼看怎麼舒服。一碗溫熱水，四時八節都喝得，老少婦孺都對味。但就是做不得事，做什麼砸什麼，叫他們看門，他們偏偏把自己的親屬當小偷。而有時人才也眞像刺棍，雖挺管用，但也挺扎手。人們都抱怨官府辦事效率低，也許那裡面坐的菩薩靈是不靈的，但一個個石頭雕的，泥巴打的，挺沈重、挺穩實。雖不靈驗，接受施主香火卻挺在行。如上，豈不誤了人才，豈不塞了賢路，尤其誤了國事！

所以曹操出語更加驚人：

今天下得無有至德之人放在民間，及果勇不顧，臨敵力戰；若文俗之吏，高才異質，或堪為將守；守污辱之名，見笑之行，或不仁不孝，而有治國用兵之術。其各舉所知，勿有所遺。

眞可謂有包藏天地之心胸，轉化腐朽爲神奇之宏圖。只是尋常官吏哪有這份通達的心思與見地完成呢？所以曹操因之也慨嘆：人才難遇魏無知也！或者換言之，律令到處，各級政府，各位官員，何妨都去做一個魏無知呢！

魏無知何許人也？

漢高祖帳下的伯樂也。

《史記·陳丞相世家》記載，魏無知把陳平推薦給劉邦，劉邦讓陳平做都尉，就是郡一級的最高武官。陳平幹得也出色，但劉邦卻在周勃、灌嬰那兒聽到一些關於陳平的壞消息，說他在家裡的時候，曾和他嫂子有那一手，當都尉後又接受各位將領的賄賂。劉邦聽了周勃、灌嬰二人這一說，立即非常惱火，找到魏無知就劈頭蓋臉責備魏無知：「你這魏無知，你怎麼把這樣的一個人推薦給我？哼！」

魏無知回答得好——

「現在楚漢相爭，最需要的是人才，而不是去計較其他。我向大王推薦的就是人才。陳平的才幹對國家有好處，能派上大用場，大王缺少的就是這個。於國家利益和人才難得，他盜嫂受金又算得了什麼呢？」

魏無知眞是深明大義，深知利害大要，大處著眼，實處著手。劉邦也心有靈犀一點就通，高瞻遠矚，用人用其長。

自然，在曹操身邊不乏魏無知類之一流人物，像荀彧、郭嘉、崔琰等知人識才，就給曹操推薦不少治國用兵的高明之士。只是三國紛爭，各顯神通，任是通天的本事，都嫌力不從心。所以，人才還是不夠用。因之，曹操渴求人才，又想到別具慧眼識人才的魏無知，不免心中遺憾。

千里馬常有，伯樂不常有。

關於千里馬常有，伯樂不常有，這個遺憾有人認爲在民主的社會已不復存在。因爲機會均等，權利平等，人與人公平競爭。事實上公平中也會有欺詐，競爭中也會有相對的穩定階段，因而也會有壓抑人才的現象，因此這時也需魏無知這樣的人。比如組閣，比如僱員等等。

至德之人

用人才是為了事業的發展，並不是為了要一個十全十美的人，當然有十全十美的完人當然好，如果一時沒有，卻硬要不顧事業，求全責備，豈不捨本逐末。

惟才是舉。

不仁不孝，而有治國用兵之術，勿有所遺。

由於曹操的大力提倡，和他的各級政府的紮實工作，曹操在這一方面眞得到了相當充分的施行，一大批出身低賤，德行有缺的人才都走到了曹操的周圍，成爲曹操營壘中的重要人物。

像曹操的同鄉丁斐，在曹操手下當典軍校尉，曹操對他可謂言聽計從。但丁斐生性貪利，建安末年隨曹操大軍征討吳國，就趁機將自家的一條瘦牛把公家的一頭壯實的牛換走。爲此丁斐被免了官。曹操還和他開玩笑，問他的印綬到哪裡去了，丁斐也不慚愧，反說：「拿去換大餅吃了。」曹操聽罷大笑，對身邊的人說：

「毛玠多次向我進言，要我重重處罰丁斐。我哪裡不知丁斐愛貪小便宜，只是我有丁斐，就像人家有會捉老鼠，但又愛偷嘴的貓一樣，偷嘴雖然也造成一些損失，卻可以使我的東西保存完好。」

從這樁事上的態度，可見對那些走到身邊有缺點的人才，他做得多麼好，其言又何其入情入理。

但這樣說並不意味著曹操心目中是非觀念淡薄，完全漠視人才的德性這一方面。或者正如前面說的，淡化德才矛盾，甚至取消德的考察與要求，是爲在實現事業的基礎上，使才與德獲得統一，從而再造人才的人生。這應當說是一種善行，也是一種境界。但不是說在走向這一境界的途中，沒有一種尺度的把握，分寸的把握，乃至在惟才是舉之中，使事業成爲藏垢納污、邪惡敗類麇集的淵藪。

恰恰相反，歷來理解才德，說才或者說人才，自然包含著他有可觀的德行；說德或者盛德之人，同樣意味著有可與德行大體相當的才幹。而作一種哲學的抽象和把握，說「賊是小人，智過君子」也是一種才，僅僅作爲一種說法，當然成立。但平常人們議論，甚至薦賢舉能，決不會去舉薦一個賊。這是人們情理之中的事。因此，曹操在再三下達求賢令中，也斷然不敢忘記德這一條。只是在形勢逼迫之下，惟才是舉顯得特別重要。因此，在第三道求賢令中，他就把「至德之人」放在首位提出來。當然，正確地理解，這種「至德」之後也是應有著盛才的。歷來，在這一點上達到至德與至才統一的人也時而有之。不過相對於芸芸衆生，相對於有缺陷人才太少了些，甚至鳳毛麟角，成爲一種人才理想。但決非不存在。比如商湯時代的伊尹，西周初年的周公，同時代的諸葛亮，乃至曹操尤爲看重、敬慕的關羽等等都是。

正因爲強調至德之人，曹操對關羽的不辭而去，他不僅不追殺，反倒以禮相送。此爲一愛其才，二尤敬其忠於故主之德也。其實，大英雄在戰場上是仇敵，你死我活，互相容不得，但精神上又常是知交。所以曹操打敗了袁紹，卻傷心地上袁紹墓前祭奠。所以關羽故主劉備在曹公心中的位置，在英雄相惜亦相敬的時刻，也正是他曹操本人的位置。若天緣有份，關羽忠於劉備，未必不是忠於他曹孟德！

也說傳統

舉秀才，不知書；舉孝廉，父別居。寒素清白濁如泥，高第良將怯如雞。

正是確認至德之人，在初平三年（公元一九二）曹操重用畢諶爲兗州別駕，讓他跟在自己這個剛坐到兗州州衙上的兗州牧身後。後來張邈對曹操倒戈相向，扣押了畢諶的母親，曹操爲畢諶著想，叫他去投張邈，畢諶信誓旦旦表示忠心不二，把曹操都感動得流下了熱淚。

就是這個畢諶，發下了天大的誓願，卻一轉身就逃去投張邈了。後來，曹操擊破下邳，畢諶同呂布等一起被俘，人們都認爲畢諶活到頭了，誰知曹操卻說：「一個孝敬父母的人，難道不忠於君主嗎？這不正是我要訪求的人嗎！」

畢諶不僅不死，反而還做了魯國相。

所謂至德，也不就是忠和孝嗎？

忠是對君主，對朋友，孝是對父親，對母親。既忠又孝，又加之相當的才能，這樣的人有什麼挑剔的呢？

事實上，惟才是舉，不仁不孝只要有治國用兵之術，勿有所遺，這種人才方針，所有亂世經國治軍的人大約都是這樣做的，但未必這樣說。此乃權變，求其實利也。但一這樣說，行之於律令，就很有些反傳統了。

就傳統言之，中國歷來講忠孝、講節義、講賢良、講方正、講清廉，後來也講秀才、講文學。這就是人才的標準，這標準沒什麼不好。能忠孝節義賢良方正清廉，加之又有實際才幹，有什麼不好！然而，忠孝、節義、賢良、方正也太虛，也太好弄虛做假。這樣，弄出的人中就太容易走向反面：有其名無其實。這樣以德行考核人才，從首倡漢武帝時期，延至東漢的桓、靈二帝的時候，所謂人才就如民謠所唱：「舉秀才，不知書；舉孝廉，父別居。寒素淸白濁如泥，高第良將怯如雞。」了。

人的事眞是奇妙。爲了生存，爲了發展，人給人、給社會制定一些規範，一些牌號，於是這些規範、牌號就重要了，値錢了，能約束人，也能造化人了。於是，國家，民衆，歷史都沾了這些規範、牌號的光。但奇妙的事兒也就在這裡。

規範、牌號重要，約束人、造化人，但太難爲人了。那好，就連規範、牌號都賣他。難爲人不如難爲規範、牌號。眞的人才於是門不過假的人才，這就是道高一尺魔高一丈了。

這樣單純以德考察人才其弊病就顯而易見了，其遺害就大了。這樣，曹操力倡「惟才是舉」，甚至不管其是否仁孝，只要他能治國用兵，至少有挽救時弊，撥正風氣的作用，至少使那些金玉其外、敗絮其中的人，至少使那些濫竽充數，占著茅坑不拉屎的人無機可乘、無計可施了。

但提倡惟才是舉甚至不計仁孝，決非否定仁孝忠義，容忍、擢拔有缺陷的人才，決非貶斥至德人才。傳統只有當它被扭曲成爲前路中的絆腳石、擋路虎，它才應被拋棄。其實，經前人精心設製，寄托美好願望的傳統，從某種意義上說它永遠是傳統，它永遠不會過時。因而，忠、孝、節、義、淸、廉、方、正本身沒有什麼不好，忠孝節義淸廉方正再加十分人才，這於人就錦上添花了，就是至德之人了。

所以，無論惟才是舉還是堅持傳統，目的都是爲發展事業、發展人，所以二者從根本上說並不是矛盾的。而且，惟才是舉於用才之道，統馭之道，於手段與目的，在整個文明史上它也是一種傳統。因爲才、人才，作爲人對一種評價、判定，總是在一定的社會文明水準與背景下發生，總有它相對確定的內涵，因而惟才是舉本身即是傳統的產物，又體現著傳統。只是在傳統在被扭曲時，只是在傳統在發展事業、發展人時，被人的某些醜惡的動機，醜惡的行爲抽空其生動鮮活、眞實善美的內質，相應地又注入惡毒奸邪、陰險迷人的禍水時，說惟才是舉才刺耳，才見得有些反傳統的味道。因爲，這時的傳統本身已不是傳統了，已被拐騙了。

所以，我說一個民族在文明進程中精心設計，歷時而成，寄託一個民族美好願望的傳統，它永遠是傳統，永遠不會過時。因爲它一個民族的精神生命。也正如一個偉大的人，他的血肉之軀，可能不到百年，甚至英年早逝，但只要他確實影響過衆多的人們，有著文明的建樹，那他的精神生命就會難以估量。那一個民族的精神生命，或者一個民族的傳統，就更不可限量。如果要反對它，割斷它，無異於抽刀斷水，甚而飛蛾撲火。

如果說曹操提出惟才是舉，不計仁孝是反傳統，那未免太表面了，太膚淺了。文明不變，衆怒難犯；文明只可豐富，衆怒只可順水推舟，這通常的人情，一代人傑曹操豈可不知！否則他的惟才是舉怎麼在當時引起那麼大的迴響，給他招來那麼多的賢才，幾欲佔天下人才的一半！如果傳統是爲著保守，發揚人的諸多眞善美的本性；而反傳統也同樣是爲著保守、發揚人諸多眞善美的本性，乃至興旺事業、發展人，那傳統和反傳統豈不合二而一了嗎？

不過，說到傳統，順便就近代的事兒多說幾句。近代以來，中華民族甚爲不幸，從淸代乾嘉以後中國的精神傳統周期性開始被扭曲，到辛亥革命，民主共和國建立，曙光一閃，國運民運似有振興的可能，並且還引進西方的科學和民主，但國人似乎運氣不好，也就曙光一閃的福份，很快又不濟了。以後世風日下，至二十世紀釀成浩劫。七十年代由局部而整體，中華民族的精神傳統開始漸漸地，一點點地有復舊之勢。這是僅就精神傳統本身活力回升而言，並非說國人衆生有此需求。不，被整整愚弄了一代的國人依舊只茫茫然於生計。不過到二十一世紀，中國的復興似指日可待了。復興了，國人靠什麼精神傳統規範行爲，支撐心靈的大廈呢?想來最佳選擇仍只是中國傳統的那一些東西了。這並非別的,只是因爲它確實是有生命力的,是好東西,那就是中華民族的精神生命,那麼中華民族的未來也必匯入其中。

一個時代的刀抽起來了,小丑們休息了,浩浩湯湯的長江、黃河仍在流。

伯夷之風,史魚之直

至德之人——忠孝節義淸廉方正再加十分人才,伯夷之風、史魚之直也。

正因爲至德之人有如此經久的魅力,傳統德才風範有如此經久的魅力,因而,古之名士,古之大賢往往也成了至德的代名詞,成爲後來仿效者的表率。也使後來人能名齊古賢即爲莫大光榮和鼓舞。

也正因此,古之至德之人也成爲曹操表彰時賢,要求時人的模範。

他曾這樣給崔琰下達過一道手令:

君有伯夷之風，史魚之直，貪夫慕名而清，壯士尚稱而厲，斯可以率而已。故授東曹，往踐厥職。

——〈授崔琰東曹掾教〉

崔琰其人，起初在袁紹部下做事，後來才到曹操陣營，當過曹丕的師傅。崔琰不僅是個美男子，威嚴莊重，而且行爲端正，性情耿直，敢作敢爲，人們對他都非常敬重，連曹操也敬畏也。

當初曹操剛擊敗袁紹，考察冀州戶籍，看到冀州人口衆多，可徵三十萬兵員，曹操由衷地高興，說冀州「眞算得上是一個大州啊！」。

對曹操如此情態，崔琰卻糾正曹操說：

「如今天下分崩離析，袁家兄弟互相殘殺，冀州百姓家破人亡。今王師打破冀州，沒有傳播仁德，安撫百姓，把人民從水火塗炭中解救出來，卻一開始就在這裡算計如何擴充兵員，以之爲當務之急，這難道是冀州百姓所希望您的嗎？」

一席話使在場的人一個個聽得驚恐失色，都爲崔琰捏了一把汗，以爲崔琰要倒楣了。曹操聽了卻立即肅然，得意之情爲之一掃，趕緊承認自己失態，並感謝崔琰指點。

崔琰作爲一名官吏還有知人之明。他年輕時同司馬朗是好友，那時司馬朗的弟弟司馬懿還年少，但崔琰就看出他內在的素質，認爲其人深沈果斷，大有作爲，司馬朗不一定趕得上。當時司馬朗不以爲然，崔琰卻說必定如此。後來證明崔琰別有見地。

還有他的堂弟崔林，年輕時平平常常，連同族的人都不把他當回事兒。崔琰卻預言：「這就是所謂大器晚成，他終究會有很大成就，爲大家所不及。」

孫禮、盧毓初到司空府任職，崔琰就看出：

「孫禮通達剛烈，辦事決斷；盧毓清醒明智，百折不撓，都是三公之才。」

後來果如其言，孫、盧二人都官至宰輔。

正因爲崔琰有如此德才，曹操便任他爲東曹掾，專管二千石以下軍政人員升降工作，並給他下了剛才那道褒揚又勉勵的教令。

教令說崔琰有古代大賢人伯夷的作風。伯夷是商末孤竹國君的長子，孤竹國君死後，他跟弟弟叔齊推讓國君的位置，不爭權利，棄國出走。後來周滅商，他們爲忠於故國，保持名節，不吃周朝的糧食，雙雙餓死首陽山。還說崔琰像春秋時衛國大夫史魚一樣耿直。這位耿直的史魚，死前對他兒子說：「我多次推薦遽伯玉之賢，主上卻不引進。彌子瑕無能，卻不能免職，作爲臣子不能進賢才，斥退不肖之徒，死後也不應停屍正堂……。」後來孔子讚嘆說：「直哉！史魚！國君有道，他正直得像一枝箭，國君無道他還是正直的像一枝箭。」

就這樣，曹操認爲崔琰乃至德之人，其操守與耿正可作表率，貪婪的人將因敬仰他而清廉自守，壯士必因崇敬他而更加奮勵。

這就是曹操的又一種人才標準，一種相對於有缺陷的人才的一種更完全的人才思想。

不喜得荆州

不喜得荆州，喜得蒯異度耳。

由於曹操有一種愛才的癖好，又有惟才是舉的方針，還由於他早就有「吾任天下之智力」的戰略思想，所以他在攻城掠地，擊垮戰場上的對手的同時，獲得對手營壘中的人才也成爲其一個行動的目的。當然這對軍事行動本身，戰場上的勝負未卜，死活不知，獲取對方的人才又是次要的，提不上行動日程。但戰而勝之，就不同了，吸收可爲己用的人才，就是顯得比佔領地盤更有意義。因爲，事業是人的事業，沒有人才，再寬的地盤，再大的攤子，沒人去守，沒有人才去經營，一切即成枉然。

而且，事業既是人的事業，有了人才也就意味著可以得隴望蜀，可以開創更壯麗闊大的未來。所以曹操突襲荆州，劉琮束手，曹操便喜不自勝向坐鎭洛陽的中書令荀彧寫信說：

「不喜得荆州，喜得蒯異度耳。」

一個蒯異度竟比偌大的、偌富庶的軍事重鎮荆州還叫人興奮，孟德公愛才之心躍然紙上。蒯異度何其得如此看重？

蒯異度名越。原是大將軍何進的東曹掾，曾勸何進誅宦官，何進下不了決心，蒯越料定其必敗，就跑去投奔了劉表，成了劉表的重要謀士。官渡戰事爆發，劉表坐山觀虎鬥，蒯越曾勸劉表歸附曹操，劉表沒有採納。因爲曹操也曾和何進同爲靈帝的「西園八校尉」，可見與蒯異度是老相識，早傾慕在心了。只是曹操當時尙年輕，也沒有自己地盤和勢力，所以蒯越不能扶持曹操，也許還沒有把曹操放在眼裡，只是曹操可記住蒯異度了。

所以平定荆州後，曹操即任蒯異度爲光祿勛，負責丞相的顧問應對事宜。

豈止「喜得蒯異度」，與蒯越一同封侯的荆州名士共有十五人。因爲當時北方戰亂連年，荆州相對平安，又是魚米之鄉，且劉表本人又有名士之人望，所以中原人才紛紛避亂荆州。只是劉表有名士之名，卻無識才與用才之實。所以有的人才如徐庶離開劉表而投了劉備，而更多的人勉強待在荆州，也只是等待新的機會。正因爲荆州有如此衆多的人才，曹操待之也尤其恩重，其中固然不乏籠絡人心之政治權術，但愛才之心到底是主要的。所以一平定荆州，曹操就把荆州名士韓嵩從大牢裡放出來。韓嵩當時正生病，卧床不起，曹操就把大鴻臚印綬送到韓嵩家裡，讓他病好了負責朝廷接待賓客的事務。

曹操還把韓嵩引爲至交好友，還請韓嵩評品荆州士人，凡韓嵩推薦的曹操一律錄用。

在荆州人士，曹操尤其感動文聘的忠義。文聘原是劉表帳下大將，負責北御曹操的使命。劉表卒，其子劉琮繼位，投降曹操，文聘深爲羞愧。他說：「爲人臣不能保全疆土，只有等著懲罰而已！」曹操過了漢水他才去見曹操。曹操問他：

「仲業君來何遲也？」

文聘答道：「先前我不能輔佐劉荆州，以致荆州失守。但可以據漢水堅持，這樣活著不負於孤弱，死了也無愧於先君。可這計畫仍完了，以致弄成今天這個地步。我內心十分悲痛羞慚，沒臉來見您！」

曹操聽了，深爲理解。惺惺相惜，不禁爲之悲愴，說：「仲業，您眞是一個忠臣啊！」仍讓文聘領本部兵馬，並賜關內侯之爵位。

羅致人才

大凡成功的軍政人物，常常也是最踏實的人物。當然其德行會有高下之分，但在踏實，不尚空談，不耽玄想，卻是共同的。

曹操力倡惟才是舉，並且確實也擁有了天下一半的人才，這與他搜羅人才的方法是大有關係的。正是他的那些方法、措施才使得他的惟才是舉的方針落到實處，同時，惟才是舉又成爲他本人乃至他的僚屬不斷追求的目標。因爲做任何事情方法總是和目的，乃至人生態度相聯繫著的，所以，看一個處事的某種方法，尤其是處人事的方法，對觀其人大有必要。如果說一個人在理論上如何說如何說，這是一個方面；同時我們又在實際中看他如何做，如何把願望、態度、理念變成現實，這就從思和行兩個方面，完整地把握一個人的一個側面的人生情景。

於曹操，在人才這方面也是如此。

體現曹操惟才是舉的方針，羅致人才最一般的方法是徵召。

於徵召一法，對曹操最為便利。因為儘管天下破碎，群雄割據一方，但漢家王朝還在，大家名義上還是尊奉獻帝的，而曹操便是獻帝的丞相。因此，他便不僅可以徵召自己轄區的人才，還可以徵召他的敵人佔領區的人才。如華歆、王朗、虞翻等人，或為東吳部屬，或為孫氏直接控制，曹操則以朝廷名義徵召。如張紘替孫策出使許都，曹操即任為侍御史，把張紘留在許都為他做事。後來又委以使命，讓張紘回到孫權部下供職。

徵召一法最讓曹操盡心盡力的還是對那些隱士。隱士可以說是中華民族最具智慧德行的一群，古已有之，著名的如許由、巢父等。到東漢年間，隱逸之風大盛，隱士尤被人看重，曹操本人就很是艷羨隱士，並稍稍嘗試過隱士的生活。隱士的特點就是超凡脫俗，孤高自許，個中高士尤為返樸歸真，大智若愚。因此徵召他們尤其要眞誠。曹操當然深知個中奧妙。因而徵召那些隱士，態度尤其謙恭，禮數十分周到。有時為求一隱士出山三番五次，不厭其煩。像邴原、管寧等避亂江東，張範等避亂揚州，曹操都把他們徵聘出山。

與徵召相輔的方法是推薦，因為對眾多的人才只有有人推薦其人，徵召才有了對象。推薦主要是曹操屬下向他介紹某人，才德如何。或者可以說，推薦對曹操羅致人才來講，是一個更為重要、更見成效的一種方法。如荀彧、荀攸、郭嘉、孔融、陳群、梁習、韓嵩都向曹操舉薦過人才，尤以荀彧為最。像荀攸、郭嘉、鍾繇、陳群、司馬懿、郗慮、王朗、杜畿、華歆、杜襲等一大批曹營得力僚屬，都是荀彧推薦給曹操的。因為荀彧這方有別人不及的條件，出身名門世族，個人才華卓絕，在士大夫享有很高的聲望。追隨曹操，官居尚書令，一人之下萬人之上，有延攬人才之便，也有知人閱世之明。所以曹操對荀彧及荀攸的薦才成績非常感動，他說：

「兩位荀令評論人物，時間越長越顯得正當，令我終生難忘！」

部屬推薦準確、得力，當然還要作主的人虛懷若谷、求賢若渴地接受。如果這也不放心，那也信不過，甚至還要懷疑推薦者，這傢伙推薦那麼多人幹什麼，組小集團？或者用了被舉薦的人，又在腦後安上第三隻眼，總是盯著人家在幹什麼。這樣人才也會得而復失。於此也可見曹操其人心胸。

王粲把酒頌曹公

諸葛亮以為，

曹操之所以打垮袁紹，實「不惟天時，抑亦人謀」。意即曹操能任天下之智力，用天下之人才，謀之、圖之、勝之。

關於曹操部下人才來源概括地說大約有以下數種情況：

1. 追隨他於己吾起兵的亳縣子弟，尤其是曹、夏侯兩姓子弟，素為曹操倚重的心腹骨幹。
2. 徵召來的，剛才已說。
3. 嚮往曹操的事業，自動投奔者。

4.從敵人營壘中過來的。

各條渠道的人才不斷歸向曹操，固然是由於曹操「任天下之智力」的戰略思想，和惟才是舉的人才方針，更重要還在於曹操能給人才以用武之地，大抵做到來之、安之、用之、放手之，使人才感到在曹操麾下有成就感。

這一點，郭嘉的際遇最有說服力。郭嘉原是要跟定袁紹的，但他發現袁紹只想效法周公禮賢下士，卻並不會用人才，因而就投奔了曹操。只和曹操談一席話，郭嘉便感動地對別人講：「這個人才不枉我終生侍奉。」

還有張遼、徐晃、張郃等一代名將，如果照以前追隨呂布、楊奉、袁紹等主人，也決不可能有如張遼等名揚天下的成就。這一方面是因爲曹操後來家大業大，人才能有地方施展，因而才有張遼等的魚龍變化。而另一方面原因自然得歸功於曹操了。不是曹操信之任之，哪有張遼擊敗孫權；哪有徐晃破馬超、敗關羽，以弱勝強；哪有張郃馳騁沙場，連諸葛亮都讚嘆其勇。

對於曹操用人才信之，任之，放手之，一代才子王粲有個評說。這是在曹操奪取荆州後，在漢水濱大擺筵席慶功時的話，大意如下：

「袁紹起兵河北，仗著自己地盤大，兵多將廣，虎視中華，想一下攬入懷中。但他於人才一事做得不好。他喜好賢才卻不能夠使用賢才，所以人才都紛紛離開了他。甚至十分忠實於他的田豐、沮授，都不能容忍。劉表在荊州坐觀時局變化，自以爲是在步周文王的後塵。其時到荊州避亂的士人，都是國中的佼佼者，劉表卻不曉得啓用他們，所以到後來他的兒子連他的基業也守不住了。因爲沒人能幫上他的忙。」

王粲說：「曹公平定冀州之後，立即整頓武備，招納賢傑，並放手使用，所以戰必勝，攻必克。而平定荊州之後，又大量進用賢才，把他們安排在顯要的位置上。文士與武將同心，英傑與豪雄合力，這正是夏、商、周開國之君才有的舉措啊！」

王粲這段話，除了新投曹操，話說得太動聽了些之外，但把曹操與袁紹、劉表進行比較，指出曹求賢若渴，知人善任，這無疑是對的。諸葛亮也說：「曹操比之袁紹，兵少將少，但曹操到底打垮袁紹，原因何在？」諸葛亮回答是：「不惟天時，抑亦人謀。」抑亦人謀也就是說曹操能任天下之智力，用天下之人才，謀之，圖之，勝之。

三分英傑俱遺憾

滾滾長江東逝水，浪花淘盡英雄。
是非成敗轉頭空。青山依舊在，幾度夕陽紅。

當然，曹操的目的不只在打敗袁紹，佔領荊州；劉備同樣不願終生困守四川一隅；孫權或者比之劉、曹要本份些，但要之三分歸一統的願望一點也不比劉備、曹操淡薄。正因此，曹操要他的部下惟才是舉，務求統一天下，完成重整河山的大業。

但曹操沒有完成這一份夢想，劉備、孫權同樣沒有。連羽扇綸巾鶴氅的一代人傑諸葛亮，遵奉道家人生軌跡，功成名就身退天之道，但最後也遺恨秋風五丈原了。且讓陰謀家司馬懿父子祖孫揀了便宜。

此非天意乎？

但三分英雄不死！

曹操惟才是舉之思不泯！

挾天子以令諸侯

荀彧曰：「……自從天子（獻帝）蒙塵，將軍第一個興起義兵，只因為山東不斷發生變故，不能遠行。而今，聖駕回都，而東京一片荒涼，義士希望根本穩固，億兆人民，都深懷感念故舊的悲哀。假如抓住這個機會，迎奉主上，安定人心，那才是正確的掌握住方向潮流。然後，用大公無私的態度，使天下悅服，應是最高的方略。輔佐政府，招徠英俊人才，應是推廣恩德的時機。……」

操於是派揚武禁衛指揮官曹洪，率軍西上，迎接獻帝。

——《三國演義》

挾天子以令諸侯

挾天子以令諸侯──是一種政治謀略，一種以霸術兼行王道的表現。

在「吾任天下之智力」一章談「奉天子以令不臣」，實際已談到挾天子以令諸侯。

於人是人的目的，人是人的手段，挾天子以令諸侯只是一種政治謀略，只是曹操用霸術兼行王道的一種表現，對於曹操人生態度，仍是一個務實、主動、隨機通變的問題。

但挾天子以令諸侯，對曹操人生業績與人生哲學，太重要了，不能不作一專題來研討。說人是人的目的，人是人的手段，在打皇帝牌，在持一枚通行天下的圖章而企圖掌握天下，在中國歷史上的軍政人物中也不能不首先想到曹操，僅這一點就非同小可了。

事實上，挾天子以令諸侯有些情節與性質的人事，遠非曹操一人，比如春秋齊之管仲，秦之趙高，楚之項羽，魏之司馬昭等等都是，似乎曹操的奉天子以令不臣還是從管仲的「尊王攘夷」啓發而生出的智舉。但所有人都沒有曹操那麼引人注目，那麼典型。這是因爲，曹操的天下是他自己打出來的，但每一步又實實在在地烙印著劉漢朝廷的名號。儘管曹操不乏雄才大略，生以周公自命，死後貴爲魏武帝，但他生前死後都與漢王朝、漢獻帝有解不開的疙瘩。

這也許是曹操其人心性的複雜，或許正是應了許劭所言：「子治世之能臣，亂世之奸雄。」他處亂世欲行治道，他行治道對漢家天下又有亂相，正因此，他生前身後褒貶尤具紛紜。這也許是其人心性中有諸多剪不斷、理還亂的難處，而他又恰有這些處難不難的從容與坦然，這又是一種英雄胸懷了。關於這點後面再說。雖然如此，曹操對付割據群雄卻是絕不剪不斷、理還亂的。所以，觀其實施挾天子以令諸侯，亦可見其人的一個側面，甚而諸多方面。

最初的迂迴婉轉

得到了，並未意味眞正佔有。

好的開始是成功的一半，壞的開始，成功亦是失敗。

曹操派曹洪領兵迎帝，遭到護駕諸將拒阻，使曹操的計劃擱淺。但機會馬上就來了。

護駕諸將是一個簇擁在獻帝幟下的聯合體，互不統屬，且無一人具統御局面的心胸與能力，於是，關係很快緊張起來。而護駕諸將中以楊奉實力最強，且據守在梁縣（故城在今河南省臨汝縣西），與曹操所在的許縣甚近。因此，曹操決定首先打楊奉的主意。他請獻帝身邊的董昭（議郎）給楊奉寫信說：

「將軍保護皇上，千難萬險，總算回到了洛陽故都，保駕輔弼之功勞舉世無雙。今天下大亂，皇帝的尊嚴至爲要緊，一定要群賢協力維護，恐非一個人能支撐局面的。將軍可在朝內作主，我可以做外援。現在，我有糧秣，將軍有兵馬，正好相輔相成，取長補短，生死與共也。」

楊奉當時雖兵盛有勢，但孤力少援。且洛陽一片廢墟，獻帝君臣衣食住行是一個日日焦心的事。於此時，群雄不僅坐視不管，且都有坐看船沈之態。曹操能伸出救援的手，楊奉如何不高興。楊奉即與衆將一同上表，請獻帝加封曹操爲建德將軍，不久又升爲鎮東將軍，承襲其父曹嵩的費亭侯。

這是曹操接近獻帝一個比較順利的時刻，曹操沒有得意，而是表現出明顯的克制與愼審。他一連寫了〈上書讓封〉、〈上書讓費亭侯〉兩道奏表，婉辭朝廷封賜。後來史家有認爲曹氏此舉是誠心誠意推讓，也有認爲是故做姿態。但無論其意眞假，曹操此舉都表現著其人把握事態關節的明智與踏實。若從大英雄處事心胸上說，則只有眞誠一路。當然，獻帝不允，後來曹操才上〈謝襲費亭侯〉接受。

此一受封，可看作是曹操接近獻帝的願望初見成效。

第二次機會是董承召曹操進洛陽，以驅逐專横跋扈的韓暹、張楊。曹操更加高興，立即舉兵北進洛陽。韓暹自知不是曹操對手，即單騎出奔，投梁縣找楊奉。因韓暹救駕有功，獻帝下令對韓暹去則去之，不追趕，亦不追究。曹操立即執行。

楊奉在外，韓暹走了，曹承有求於曹操。這表明，獻帝身邊原護駕諸將已大換班底了，換上了從外地來的，期待已久的曹操了。獻帝還授曹操節鉞，錄尙書事，任司隸校尉。

節即符節，是帝王派遣將相委以使命時，作爲信物的憑證，有了它就有斬殺之權。鉞是一種斧狀兵器，此爲王家專有、代表征伐權柄之物，擄有其物即爲總領國家軍馬。錄也是總領的意，錄尙書事即總理朝政。

至此，曹操在形式上已得到他嚮往得到的東西。但這時仍是考驗曹操的時候。因爲得到了，並不意味眞正佔有，如此說，諸事才開始。

好的開始是成功的一半，壞的開始，成功亦是失敗。

不如人家且放手

曹操迎獻帝，奉天子以令不臣，實現人是人的手段，完成人是人的目的，寫下了曹操人生十分得意的篇什。

曹操總攬朝政之後，用董昭的計策，籠絡住楊奉，以就糧爲名，將獻帝君臣經轘轅如願以償地遷到了許縣。許縣即今河南許昌市東部地界，乃曹操控制區。獻帝到了許縣，住進新竣工的宮殿，曹操即改許縣爲許都，作爲都城，直到曹丕代漢，更名許昌。

遷獻帝至許縣，對曹操看似換湯不換藥，實際上是湯藥一併更換，只有將獻帝遷到許縣，他才完成對朝廷軍政大權的眞正壟斷。但此舉失當如何至關重要，迂迴婉轉，不動聲色是爲上策。曹操正是循這一策略而達到目的。後來楊奉、韓暹發現受騙，再舉兵欲追回獻帝，即已太晚，且曹操早有預謀，楊奉、韓暹終於只有大敗而逃。

獻帝到許都，即封曹操爲大將軍、武平侯。至此，已標誌曹操從內容到形式已全面達到目的。大將軍爲漢制將軍的最高稱號，爲中央政府執政者，自漢武帝以來，只有最受皇帝信任，最有權勢的大臣才可充任。而武平侯乃縣侯，比費亭侯只有鄉、亭領地的封爵又要高出幾個級別。當然，此時曹操仍沒忘記恭謹、謙和，盡量少招人怨。

儘管曹操做得如此不露山不顯水，但袁紹還是覺悟了。歷來人們人云亦云地說袁紹懦弱無能，其實未免太過。袁紹只是碰到曹操才顯得處處不行，要是沒有曹操呢，他只怕比人們給他評定的要高明得多吧。其實人之本事大抵這樣，本事是確定的，碰到的環境對手也很重要。袁紹也就碰到曹操這個對手太高明，於是處處走下風。說這話意思是對袁紹也須寬容點，實事求是些，這本於作古千秋的袁紹已無關係，不過見出說話人的心胸見地。

本來，獻帝當初東遷河東時，沮授就曾勸袁紹迎獻帝到鄴城。沮授也眞是一代英才，見識不凡，袁紹也同意沮授的道理。但遭到郭圖、淳于瓊的反對，秦失其鹿，高才捷足者先登，請個皇帝坐在頭上幹什麼？於是袁紹覺得獻帝是賊臣董卓奉立，非自己所願，一想也就算了。

不出沮授所料，曹操迎了獻帝，不僅得了黃河以南，關中地區也一一歸附，這一下袁紹才知沮授高見。趕緊設計補救，要求曹操遷都鄄城（故城在今山東鄄城北），說許縣地勢低，太潮濕，不宜爲都。袁紹遷鄄城的目的在於離他近一些，好進行干預，且鄄城仍是曹操轄區。袁紹滿以爲曹操會答應的，沒想到曹操一眼識破他的用心，不僅沒答應，反而以獻帝名義下詔，指責他不興師勤王，只是一心攻城掠地，擴大自己勢力，弄得袁紹趕緊上表申訴，替自己洗刷解脫。

不僅如此，曹操還以獻帝名義任袁紹爲太尉，賜封鄴侯。太尉雖爲三公之一，地位卻在大將軍之下。袁紹見曹操一下子成了自己的上級，對自己指手劃腳，又想自己的勢力比曹操強大得多，便以爲恥，發洩說：

「他阿瞞幾次敗仗，死裡逃生，都是我救了他。現在卻把這一切都丟到腦後，挾持起天子向我發號施令了。」

袁紹便上表推辭任命，態度堅決得沒商量。曹操明白，袁紹這是和自己較量實力。這同時顯示另一個問題，挾天子以令諸侯的作用也只在聽令的諸侯，其勢力大於挾天子者此令也就不靈了。如此看，袁紹不迎獻帝也不無若干道理，可惜天下逐鹿，他兵多將廣卻遲遲不趁機而起，至讓曹操後來居上。

只是當時曹操還不是袁紹的對手，因此曹操還得讓步。且對於曹操匡濟天下之志，曹操現在也還只有一個基礎，這個基礎比之袁紹的現在的成就和勢力，簡直不堪一擊。於此關頭，曹操必須有勇氣承認這個現實，並有勇氣向袁紹低頭。包羞忍恥是男兒嘛，當然曹操此時還不到這地步。但曹操是這樣做的，他採取了主動姿態，堅決把大將軍職務辭掉，讓給了袁紹。自己只當了司空，代理車騎將軍。

司空是主管營建和水利工程的官員，車騎將軍也只是大將軍的屬下。於是袁紹安心了。但曹操仍是贏家。袁紹雖得到大將軍頭銜，又得了許多榮譽與賞賜，但遠在河北，奈朝廷何！可曹操依舊總理朝政。

曹操迎獻帝，奉天子以令不臣，實現人是人的手段，完成人是人的目的，寫下了曹操人生十分得意的篇什。

離間袁術、呂布

曹操挾天子以令諸侯，假假眞眞、縱橫捭闔之術用得最得心應手的，便是離間了袁術與呂布。

曹操迎來了漢獻帝，他的軍政生涯也眞正走上了挾天子以令諸候的歷程，這給曹操這一生事業帶來的好處自不必說，但眞正「令諸侯」也不是那麼容易。俗話說：「兒大娘難做，弟大兄難爲。」何況是曹操與群雄的關係。所以曹操採取的仍是一種務實的態度，又摸又打的策略，實際則是伺機一個個吃掉。這一個個對象依次爲袁紹、呂布、張繡、劉綉、劉表、孫權、馬騰、韓遂、袁術等。

最初是解開與呂布、袁術的死結。

曹操挾天子以令諸侯，假假眞眞、縱橫捭闔之術用得最得心應手的，也是表現在袁術、呂布以及楊奉、韓暹頭上。尤其是袁、呂二人，楊、韓作爲曹操的對手，似乎還是有點不夠格。

袁術於建安二年春正式稱帝，這是一個極其愚蠢的舉動，眞是冒天下大不韙。袁術大處愚蠢，但小處心術還是不錯的。他稱帝前就曾拉攏呂布對付劉備，並請求呂布的女兒做兒媳婦。稱帝後又進一步拉攏呂布，目的是想聯合呂布對付曹操。袁術使韓胤赴徐州（東漢時治所在下邳，故城在今江蘇睢寧縣西北）完成兩項任務，一是通知他已稱帝，二是迎取呂布之女。呂布有勇無謀，認爲袁已得漢家傳國玉璽，稱帝是自然的事，這樣他們兩家結親也是好事。於是就派兵送女兒跟韓胤上路。

事情似又是應驗一句成語：歷史是在偶然中寫成的。呂布的女兒雖已上路，但陳珪卻來見呂布了。他說：

「曹操奉天子，掌國政，將軍應同他協力才對。您同袁術結親，豈不是要背上亂臣賊子的名聲嗎？那結局實難想像。」

呂布是無主見之人，聽陳珪這一講，心裡就慌亂了。同時也想起關中火併，從李傕、郭汜的圍攻中逃出，袁術不肯收留他，立即怒火中燒，就派了人馬追回女兒，還把韓胤也抓起來，戴上刑具送交曹操發落。

其實，這以前曹操對呂布就有所籠絡，一是爲穩住他，二是想透過他使袁術、楊奉、韓暹等不敢輕舉妄動，三則是防範呂布與諸人聯合。因此，當呂布派人送來韓胤，曹操立將韓斬首，同時又以獻帝的名義第二次任命呂布爲平東將軍，意在進一步穩住呂布，同時擴大他和袁術之間的矛盾。還派使者持詔書、印綬去見呂布，並附上自己的親筆信，說上一次送給將軍的大印中途丟失，實在叫人遺憾。這一次再一次加封，國家沒有好金，我就用自己家裡的好金子再爲您鑄了這顆平東將軍印。國家沒有紫綬，我就把我佩戴的一條送您表示心意。還說呂布派的使者辦事不行，沒有把呂布向朝廷上報袁術叛逆稱帝的奏章送上朝廷，希望呂布再上個奏章，以示忠誠。這實際是要呂布和袁術完全絕交，乃至刀兵相向。

呂布接到詔書、印綬和曹操親筆信，歡喜得坐不住，立即讓陳珪之子陳登赴許都向獻帝致誠謝恩，還帶去上好綬帶一條答謝，並爲自己謀求徐州牧的任命。呂布這一行動，表明曹操離間袁術與呂布關係目的已達到。無疑，獻帝的旗號也給了他暢通無阻的方便。

拜託陳家父子

鷸蚌相爭，漁翁得利。

陳珪父子的介入，對於曹操撲滅袁術、呂布這兩大軍事集團幾乎有決定性作用。如果沒有這陳家父子，曹操在八面受敵的同時，又要騰出手來打呂袁聯盟，那結局很難預料。因爲呂布勇猛無比，而袁術雖然愚蠢，且有惡德，但門第高，家大業大，也頗能吸引許多人，成一方勢力。但一有陳家父子，情況就完全變了，四兩撥千斤，呂袁聯盟傾刻瓦解，且呂布無形中已完全進入曹操掌握之中。

這裡如果說是曹操的魅力與本事，未免牽強，應該歸結爲陳珪父子對漢家天下的感情，和對曹操收拾河山的幻想。因爲他們畢竟自認是漢家臣子。如此說與曹操挾天子以令諸侯之策略與地位又有關係了。當然還有一原因就是呂布、袁術德行太差。像陳家父子對劉備就完全兩樣了，甚至還救過劉備。表明陳家父子到底是深明大義之人。這是題外話。

只說陳登帶了呂布的託付拜見曹操，卻從背後對呂布倒戈一擊。說呂布反覆無常，殺丁原，殺董卓，毫無操守，輕於去就，應當設法及早除之。陳登膽識過人，他這話大約也是衝著曹操的心思說的，曹操一聽自然欣喜，即向陳登亮了底牌。他說：

「呂布狼子野心，確實難長期豢養下去了。非卿則無人看透此人啦。」

曹操非常欣賞陳珪父子坐領風雨，成竹在胸的才幹。當即增加他們的俸祿，同時任命陳登爲廣陵（故城爲今之揚州）太守，讓他暗中集合部衆作內應，伺機消滅呂布。曹操還拉著陳登的手，誠摯拜託說：「東邊的事情，就拜託您們父子了！」

陳登回到徐州，呂布對陳登帶給他的結果，自然非常氣憤，陳登卻不動聲色，給了呂布一個說法：

「我見到曹公，對曹公是這樣說的，對呂將軍就像是養虎，要用肉把他餵飽才行，不然他就會吃人。但曹公卻說，不對，我看倒像是養鷹，餓了我就能利用他，飽了他就飛走了。曹公就是這麼說的。」

聽陳登這一說，呂布便沒事兒了。袁術這邊卻發作了。他派大將張勳、橋蕤討伐呂布，又約齊楊奉、韓暹等部，七路大軍數萬人直逼下邳（東漢時徐州治所）。當時呂布只有三四千人馬，不敵袁術是明顯的，立即責怪陳珪父子。陳珪也立即給了呂布一個解法：

「袁術與楊奉、韓暹的兵馬，都是烏合之衆，可以設法離間他們。」

陳珪叫呂布給楊、韓送去一封信，信上寫道：「二位將軍保駕有功，而我殺死董卓，都曾爲國出力。現在袁術叛逆稱帝，我們應當聯合起來，一起討伐他，你們怎麼同袁術老賊同氣聯兵來打我呢？」信中還許諾，打敗袁術後，所得軍資、戰利品全歸楊、韓。楊、韓本來沒有什麼頭腦，更無遠大目標，得信即喜，依計而行。

果然，呂布進攻，楊、韓臨陣倒戈，袁術慘敗，十名將領被殺，死傷無數，袁術只帶了五千殘兵逃回壽春（今安徽壽縣）。

同年九月，曹操親征袁術。袁術和曹操打仗，從來都沒勝過，所以曹操一到他就跑，只留橋蕤等抵擋。曹操大破之，殺死袁軍所有大將。袁術的大勢到此也就完了。

戰略進攻

攻防從來就不是絕對的；以變應變方為強大之本，勝者之策。

曹操對呂布、袁術採取鷸蚌相爭、從中漁利的策略，不僅消除了袁呂聯盟成爲勁敵的隱患，而且還假呂布之手摧毀了袁術的主力。曹操對呂袁策略的成效，不僅使他在危機四伏，強敵當前的處境中獲得了喘息之機，尤其在喘息中壯大了自己。但從時間上說，建安初年，曹操的整個軍事行動都處在戰略防禦期，即便他仍在不斷征戰，比如征張繡，征袁術，但說到底是以攻爲守。尤其是不敢正眼面對北面的強敵袁紹，當然也不敢打劉表的主意。

但到建安三年，當呂布再次與袁術拉上關係，袁紹對曹操也極爲傲慢，曹操的以上心理便發生變化，戰略態勢也相應變化。這個道理是，在喘息的機會中，曹操的勢力在增長，曹操周圍的對手，除個別的集團如袁術在走下坡路，其他人勢力也在增長。如此一對衆，總是被動，總是弱者。所以，曹操必須更加主動，必須採取戰略進攻姿態，即便許多仍是防禦性的。本來攻防從來就不是絕對的。以變應變方為強大之本，勝者之策。這是曹操軍事思想的一個特點，尤其是曹操人生哲學的一個重要內容。如他毅然舉義旗首倡討董卓，如他說「吾任天下之智力」，「諸君面北，我自向西」……等等都是以弱為強，以變處變的圖存爭勝之道。

這也是曹操明智、機敏、強幹的表現。其實，天下英雄所見略同。像後來諸葛亮北伐，也有類似原因，誠如〈出師表〉所言：「今天下三分，益州疲敝，此誠危急存亡之秋也。」，但「漢賊不兩立，王業不偏安……然不伐賊，王業亦亡。惟坐而待亡，孰如伐之？」伐之，不勝，以攻為守，尚可自保，勝，則正是大業所需，人心所希望的。且人生事業，人總只能做到人能做的一半兒，另一半則只能交給天意。如曹操當時四面受敵，諸葛亮輔劉禪偏處蜀中，對於他們的事業目標，採取戰略進攻態勢，無疑是對的。

所以，曹操接著是戰而勝之，一個個掃滅北方群雄。所以，諸葛亮六出祁山，雖於劉備統一中國遺志無大功，但天意已離炎漢，人力豈能挽東下之江河，畢竟諸葛亮以戰爲治，造就了蜀漢的數十爭雄強，使力量遠比蜀中強大得多的魏、吳數十年不敢正眼覷蜀中，此亦一大奇功也，書生學究不能理解。此非諸葛亮之功何歟？

曹操此時戰略思想當作如是觀，且佔盡天時，即代皇帝征伐逆臣。

進攻與安撫並舉

以弱爲强，以變處變的圖存爭勝之道，正是曹操明智、機敏、强幹的表現。

曹操戰略思想的轉變從他和他幾個主要謀士的對話可以看出。

從迫在眉睫的壓迫講，應先打袁紹，但袁、曹力量懸殊，曹操不能隨便動他。馬蜂窩不動它，可能沒事，一旦捅動了它又不能一下撲滅它，則必遭大禍。

且呂布驍勇無比，又反覆無常，欲望不在小，撫之以小利可穩一時，稍一怠慢也可能釀成大禍。還有其他人的勢力，諸般情勢，如何處置？

荀彧認爲，當時情況可與曹操爭天下的人惟袁紹而已，但此人現在雖強大，但難有大作爲，終必爲曹操所敗。因此主張先打垮呂布，再想袁紹的心思。因爲呂布不亡，河北之地也不易奪取。

郭嘉補充荀彧的意見，說呂布不敗亡，袁紹來攻時，必爲袁紹羽翼，以其驍勇，必成大患，建議乘袁紹對公孫瓚用兵，無暇南顧之際，趕緊東征呂布。

曹操的另一團憂慮是——

「倘袁紹侵擾關中，挑動羌人胡人叛亂，向南又與蜀中的劉璋串聯起來，這樣他就擁有全國六分之五的地盤，我僅以六分之一的兗、豫二州與之抗衡。這又如之奈何？」

荀彧說這好辦，關中將領擁兵自重十幾撥人馬，誰也管不了誰。韓遂、馬騰於其中實力最強，見中原正打仗，必擁兵自保。如果朝廷能以恩德，遣使修好，在平定中原以前，完全可以穩住他們。建議曹操託鍾繇去辦這件事，盡可放心。

曹操依荀彧計行事，關中果然平安。

但東征呂布仍有異議，恐遠征呂布，劉表、張繡來襲許都，後果不堪想像。荀攸則預測變化：劉表、張繡剛剛吃了敗仗（指建安三年五月曹操大破劉張聯軍於安衆，時爲同年五月後的某日），必不敢輕動。而呂布有勇，又兼袁術幫助，如果讓他縱橫淮水與泗水之間，豪傑響應，則必養虎爲患。現在他剛反叛，人心還未歸附他，趁此機會去攻打，必定成功。

曹操立即擊節稱好。至此，經英雄所見一致的論證，曹操的戰略進攻思想完全定下來了。即兵發徐州，曹軍似猛虎下山一般撲過泗水，奪彭城（故城在今江蘇徐州市），困下邳。

而呂布這邊，他不用陳宮計，又不信任手下大將，最後在白門樓束手被擒，生死急難處曹操尚有愛將之心，可劉備一句話：「明公您難道忘了丁原和董卓的下場嗎？」

殞首白門樓，呂布就這樣走完了自己馳騁戰場無對手的一生。而曹操的戰略進攻，旗開得勝，第一役捕殺的就是這一隻猛虎。

這於曹操的人生霸業，真是一個好兆頭！

三分天下爭人才，這局面是人才幸運的時代，但又以爭戰不斷、生靈塗炭為代價，所以其情景尤為令人感動、感慨。

開誠納張繡

征呂布、曹操以全面勝利而告終，而且此一役曹操還得張遼、陳群父子等一批傑出人才自是莫大收獲，曹操自然心情振奮。只是才過一個春節，袁紹已兵臨官渡，並且袁紹派使聯合張繡，對曹操構成南北夾擊之勢。

張繡是董卓部將張濟之侄，董亡，張濟投劉表就食，張濟死，張繡統張之舊部受劉表之命守宛城（今河南南陽）。曹操曾三征張繡，各有勝負。對袁紹，曹操向來沒想過早地觸動他，而袁紹卻先下手了，還拉上張繡。本來袁曹對壘，曹操已敵不住了，何況腹背受敵。就在緊急關頭，局面發生了戲劇性的變化。

張繡沒有對曹操用兵，卻率部赴許都投奔了曹操，令曹操喜出望外。

何以出現如此局面？

可以說是多方面原因所致，用智者眼光看，原因卻只有一個：曹操本人的素質。觀當時各路英雄，可以說無一人比得上曹操。直接原因則是張繡的謀士賈詡。此人在三國謀士如林的人物中，應是第一流的，能出其右者寥寥無幾。張繡與曹操交戰，能戰勝，能對峙，決策全在賈詡。

賈詡說：「……袁紹兄弟之間尚且不能相容，怎麼容得下天下國人呢？」不如投靠曹操。

張繡對賈詡言聽計從，此時卻作難了：「袁強而曹弱，我與曹操又結下了仇冤，怎麼投靠他呢？」

賈詡從容說出一番道理，既給張繡算命，亦評價袁、曹二人。賈詡說：

「你所說的恰好就是我們應當投奔曹操的原因。第一，曹公奉天子以號令天下，名正言順，從公義出發，我們應歸附朝廷。其二，袁強曹弱，以我們不多一點兵力投附，必不看重，曹勢小求助，必大爲振奮。第三，成大事者，必不計較個人恩怨，目的是以此向天下人表明他胸懷博大。我認爲曹操是這樣的人。此事將軍不必疑慮了。」

張繡無話可說，只有收拾行裝去找曹操。

後來，曹操還爲其子曹均娶了張繡的女兒，二人做了親家。曹操對賈詡敬重之意倍加，說：「使我取信於天下的人就是您啊！」正是因了賈詡，使冤家成親家，讓曹操與張繡合二爲一了。

天下英雄誰敵手？·曹劉

大江東去，浪淘盡，千古風流人物。
故壘西邊，人道是、三國周郎赤壁。

亡了呂布，降了張繡，繼之對袁術保持威懾之勢，無爲而爲之。最後袁術完全成了一位落魄的浪子，走投無路，困窮飢餓，於建安四年六月病死。剩下的對手就是劉備。

三國英雄如雲，眞正堪爲曹操對手的惟劉備一人而已。劉備作爲曹操的對手，從勢力與實力講那還是赤壁大戰以後的事，在此以前他只能以個人的氣概、能力與曹操較勁。因之，曹操對付劉備的手段也頗盡恩威、文武之道，這其中旣有英雄相惜相敬之情，又有做個樣子給天下英雄看的權謀，也有欲擒故縱的韜晦，也有杜門戶爲兄弟的幻想。但英雄終舊是英雄，一山容不得二虎，英雄的事業都是天大的屋頂，地大的板凳，必須一個人做東主，另一個則只能做賓客，做幫手。因而，曹操與劉備的關係也必定走著一條合而分、友而敵的路徑。

不僅曹劉是這種關係，幾乎這就是中國歷史的一條規律。秦漢之間的項羽與劉邦，隋唐之間的李淵與李密，元明之間的朱元璋與陳友諒，現代的蔣介石與毛澤東都如此。不濟時就合，合是互相需要，互相利用，一旦弱的一方羽翼長起來了，有了機會就必各自高飛。到那時，弱的一方委曲求全，強的一方婉轉羈彌，都只成爲歷史的佳話、英雄的美談。如此，所有的運籌，所有的心機也只成爲水中月、鏡中花，既無現實功利得失，也無當時鈎心鬥角。然而，英雄的美麗，平凡人生的美麗也在這裡。原來人生得失最後並不重要，只是當時爭取某種功利時那情味！還眞是一種情味，它已不只屬於英雄本人，它已屬於無盡歷史，訴諸後來不斷從歷史的情味中獲得感動的心靈。

這樣說，我們已把人生所有淡化爲三界唯心，萬法唯識了，不知讀者諸君以爲何如？因爲功利得失雙方轉瞬即逝，唯人之精神不死。到這裡因爲曹操的對手高了若干檔次，那我們對曹操奉帝命以令郡國，弄權謀以御英傑，也只欣賞那一份情味，遠非兜攬皮毛的人生哲學。

從劉備的出身，從一平民而聚衆鎭壓黃巾，頗具胸懷見地，以曹操之眼力，他對劉備是另眼相看的。當劉備攜關羽、張飛四處漂泊，最初不能說他沒有收爲部屬的願望。只是到後來，劉備日見英雄氣概，不是一個依人成事的角色，特別是陶謙舉劉備接替自己爲徐州牧，劉備的人望，劉備的英雄魅力使曹操開始完全改變對他的態度，並把他作爲一個對手，開始抑制他的發展，開始採取對他的籠絡政策，並實施對劉備集團進行瓦解的實際工作，這又是挾天子以令諸侯的方便了。比如曹操曾〈表麋竺領嬴郡〉即爲很厲害的一著。

麋竺爲徐州豪族，家中富有，對劉備尤爲屬意。他先是陶謙的別駕從事，後來又奉陶謙遺命迎劉備爲徐州牧。建安元年，劉備遭呂布襲擊，妻兒被俘，麋竺在人、財、物諸方面傾力相助，使劉備重振氣象，還把自己的妹妹嫁給劉備。可見麋竺對劉備的看重和忠心了。

曹操表麋竺爲嬴郡太守，目的即爲肢解劉備勢力。與此同時曹操還舉薦麋芳爲彭城相，麋芳是麋竺的弟弟。只是竺、芳兄弟都拂了曹操的好意，仍忠實地追隨劉備。這足見劉備的不凡處了，當然這也從一個側面解釋了，爲什麼漢末英雄紛起，劉備後來居下，卻能得諸葛亮、關羽、張飛這第一流，甚至千古人傑作幫手了。

也正因爲這樣，曹操的這份用心就尤其有意味。

總見青山送流水

常言道，

青山遮不住，畢竟東流去。

這是人之臨事的舉措、對策，更是造物主的相剋相生之道。能擋、能掩，則爲一統河山，一家水土；不能擋，不能掩，則成王敗寇，那山水之道也是：青山遮不住，畢竟東流去。

如此情景，如此道理，豈不與曹操羈縻劉備相若？

當初曹操想瓦解劉備的勢力不成，白白浪費了情緒。但路多歧，樹多風，有意栽花變荊刺，無心插柳得蔭涼。當曹操揮師東征呂布途中，劉備竟倉皇來投。這可讓曹操求之不得，但又難爲了曹孟德。一塊燙人的肥肉，吞不得，吐不得，吞了，消化不了是要壞肚子的，又豈只是壞肚子而已，好比睡覺多安穩，旁邊睡一隻虎，日久豈不叫人精神失常。吐了，則必天下人唾罵。一個小家子，才有幾分氣候，竟容不得賢俊，天下人還不看死他——如此德行，能成什麼大事，還有誰幫他！

曹操當時即陷入如此兩難境地。他心裡清楚，劉備無非實在是無去處才投奔他的。他拿劉備怎麼辦？可用乎？可殺乎？舉棋不定，便有旁觀者淸。程昱首先建議：

「劉備雄才大略，且深得人心，不會久居人下，不如趁早殺掉。」

曹操無言，無言仍是舉棋不定。程昱進一步申述：以其人志向，今不殺，將來必為禍害！

曹操問計於郭嘉，郭嘉則說：

「程昱所言極是。不過明公舉義兵，除暴亂，就是要招納四方賢俊，以誠相待，惟恐人家不來。劉備有英雄之名，窮途來投，如果殺了他，則必定落下害賢的名聲。這樣，智者起疑心，勇士望而卻步，就沒有人再敢投奔您了。殺一人而天下人失望，其中得失，是不能不想清楚的。」

郭嘉說的正是曹操所思忖的，找到了知音，曹操大為高興，說郭嘉說得有道理，又回頭向程昱解釋說，爲今正是收攬英雄之際，如果殺一人而失天下人心，那就太不划算了！

於是厚待劉備，不僅表薦他爲豫州牧，還給劉備添兵加糧。平呂布後又攜劉備回許都，任爲左將軍，關、張也都封了中郎將。

但曹操這所有好處，都不過是做給天下人看的，以見其容人雅量，又求賢若渴，這一方面也是事實。只是對劉備就完全是兩碼事兒了。因爲劉備不是曹操需要的那種英雄。按理，劉備原爲徐州主人，曹操應把徐州牧還給他，平了呂布就仍讓其鎮徐州。但曹操把劉備帶回許都，就別有用心了。就近監視，就近控制，可見戒備之深，防範之緊了。

劉備對曹操心裡想著什麼，自然一清二楚，但人在矮簷下怎好不低頭。儘量韜光養晦，爲避免曹操耳目，他乾脆只在院子裡種菜，做出一副無所作爲的本份相。曹操當然也不會信以爲眞，到底還是不斷派人去看望劉備，一致殷勤，此亦英雄相恤之情理；二致關注，看劉備究竟作何舉動。一次宴請劉備，曹操還直接試探劉備：

「當今天下英雄，只有您我了。袁本初一類人，是算不得數的！」

眞是英雄識英雄。然而此番英雄即爲對手，既爲對手，就必得有一個要打下歷史與人生的擂台。且此時劉備在曹操羅網中，那誰上誰下之結局還不明明白白！劉備認爲曹操看破自己行藏，當時吃一驚非同小可，手上的筷子都掉到地上了。曹操也驚奇不已，恰巧天際炸了一個響雷，劉備急中生智，從容掩飾說：「聖人云：迅雷風烈必變，看來確實如此。」

劉備何至於如此膽小？膽小如此何爲英雄？曹操疑心重重，但劉備到底在這一著上勝了曹操。這是劉備的機智，也是劉備的運氣。曹操此番鬥智輸了一著，非智力不及，過於自負也，其人得意時總不免幾分疏放。曹操若有諸葛亮那般謹愼周密，劉備何能矇混過矣！所以說是劉備的福氣。看來天下必三分，這也是天意！

此後曹操依舊注視著劉備的一舉一動，若說戒備之心無減，雖少也無增。否則曹操不會答應劉備請命赴下邳，阻擋袁術末路時北上投袁紹。由於曹操的疏放，在羈縻劉備這局上，他失敗了。劉備一走，衆謀士紛紛陳說利害，曹操後悔不及，但大錯已鑄成，後悔也來不及。不過，從另一角度看，凡英雄，無論曹操、劉備，鬥智鬥勇，既是和對手鬥，也是和自己鬥。能沈得住，也就能藏得住。就這一點說，曹操顯然不如劉備，儘管戰場上劉備遠非曹操對手。且劉備性情緩和，曹操時常有詩人氣質，則於行藏又一不利因素。還有曹操常有惜才之心，這時又有樹名聲的渴求，這是個玩虛的事體，火候難把握，又佔主動位置，不好操之過急。劉備此時則寄人籬下，夾緊尾巴裝老實，哀兵必勝，又是實實在在爲自己求生存，夾縫掙扎，怎麼做都不會有過火之擔心。再加之心胸、機敏、氣魄，此一番曹公對其羈縻，無論如何，只要不撕破臉皮，利刃相向，這樣，劉備鰲魚脫卻金鈎去，搖頭擺尾不回頭，也都會有機可乘。

如此，青山關不住，畢竟東流去，曹操之於劉備，作一個留客人，又做一個送客人，於其二人，也是一種緣份，也是一番意境。英雄相交如此，也算福氣了吧！

不惟天時，抑亦人謀

兵者，國之大事，死生之地，存亡之道，不可不察也。

荀彧說：「同曹操爭天下的人是袁紹。」從後來的形勢看，這話應當這樣說，同曹操爭北方天下的人是袁紹。這一點曹操心裡也許更清楚。因此，當勢力不及時，曹操相當長一段時間，對袁紹採取一種妥協政策，或聯合，或依附，或籠絡，不即不離，不冷不熱。目的是爲了穩住袁紹。

實際上，當建安四年（公元一九九）袁紹兵發黎陽（故城在今河南浚縣東），揚言進軍許都，爲漢家討賊（即曹操）時，曹操就不能不正面部署對袁紹的軍事行動。因爲，對呂布主動用兵，戰略思想從防禦到轉爲進攻，破呂布，坐斃袁術，又閃電般地赴徐州擊走劉備，到次年殺奉衣帶詔誅曹操的國舅董承，這所有都是爲了對袁紹一戰。因爲曹操在建安初年雖挾天子以令諸侯，這還只是一種政治優勢，但所處地理位置即兗、豫、徐三州，後來又有揚州，實際是一個八方挨打的位置，軍事上所謂「四戰之地」，易攻難守。只有打下了袁紹這場硬仗，其於全國的位置才眞正見分曉。然而，「兵者，國之大事，死生之地，存亡之道，不可不察也。」也就是於曹操當時情勢，和他與袁紹的力量對比，這一戰又只能勝不能敗，否則他將淹沒在袁紹大軍的鐵流之中，那對曹操而言是一個不堪設想的結局，當然對袁紹也是這樣。

然而，袁紹何等樣人，何等勢力？

四世三公之後，貴寵僅次於皇家。而四代經營該有多大勢力？憑這無可匹敵的家世門第，也憑自己威貌人才，交結士人，出入公門，很年輕的時候就進入大將軍的幕府，很快成爲何進主要倚重的人物，任司隷校尉、中軍校尉。他拔劍對抗董卓擅自廢立皇帝，逃出洛陽後董卓卻不敢懸賞緝拿。曹操首倡討董卓，首先想到的支持者也是袁紹其人，也因此他被推爲討董聯軍盟主。聯軍解體後，他由一個渤海太守，軍需都靠冀州牧韓馥供給，但他卻能很快趕走韓馥，基本撲滅河北黃巾軍殘部，又攻殺公孫瓚。至此，他據有冀、青、幽、并四州，成爲中國北方最強大的割據者。

袁紹一生最明顯的敗著，一是獻計召董卓進京，二是官渡之戰定策。這兩次失手對袁紹固然至關重要，但其人也決非庸庸碌碌，無所作為，僅從渤海太守到擁兵割據冀、幽、青、幷四州即見其經營之才略。所以，曹操對袁紹一戰，即知早晚不免，又知須慎之又慎。甚至大軍啓動，曹操依然憂慮重重。

但荀彧分析說：

「歷來爭天下的經驗教訓表明，有眞本事，即使開始弱小，後來必越戰越強大。相反，即使開始強大最後必衰敗下來。劉邦、項羽的一存一亡，大體可以見出這個道理。」

「現在與明公爭天下的人，僅袁紹而已。袁紹待人表面寬厚，而心存猜忌，用人卻不信任人，而明公遇事通達，人才不拘一格，合理使用，這是器量上超過袁紹。」

「袁紹遇事遲疑不決，常常坐失良機，明公卻能多謀善斷，決大事能隨機應變，因事制宜。這是智謀上超過袁紹。」

「袁紹治軍寬緩不嚴，法規不全，兵將雖衆，但發揮作用有限。明公卻法令嚴明，賞罰必行，兵將雖少，卻能人人效死作戰。這是在武力上超過袁紹。」

「袁紹憑藉門第聲望，故作儒雅，又裝作足智多謀，因而許多華而不實，徒有虛名者都找到他門下。明公卻以仁道待人，眞誠踏實，不尙虛榮，自己謹愼節儉，獎賞功臣不遺餘力，所以忠貞進取之士願爲之用。這是在個人品德上超過袁紹。憑這四個方面的優勢輔佐皇帝，征討不臣，誰敢不從，袁紹一時強大又有什麼作爲？」

緊接著荀彧的話，郭嘉也對比了袁曹的優劣情勢。郭嘉說曹操有十個方面勝過袁紹：

1. 袁紹辦事，講求形式，曹操則注重實效。此爲一勝。

2. 袁紹以不臣抗帝命，曹操奉天子號令征伐，順人應人。此爲二勝。

3. 漢末政令寬而無制約，袁紹也寬緩馭人，以寬治寬，則難以整肅紛亂，曹操則嚴猛律令，上下振肅，各守法度。此爲三勝。

4. 袁紹外寬內忌，用人疑人，故任人唯親，曹操則外簡內明，任人唯賢。此四勝。

5.袁紹多謀少決，往往坐失良機，曹操則多謀善斷，隨機應變，雷厲風行。此五勝。

6.袁紹沽名釣譽，虛僞造作，曹操則以誠待人，儉樸踏實。此六勝。

7.袁紹因小失大，婦人之仁，曹操大處著眼，疏忽小節，只抓大仁大道。此七勝。

8.袁紹左右的高級官員，爭權奪利，互相陷害，曹操則有一定的法則，極富英明智慧。此八勝。

9.袁紹不分是非，曹操循禮法辦事。此九勝。

10.袁紹虛張聲勢，不諳兵法眞諦，曹操用兵如神，能以少勝衆。此十勝。

這是荀彧或郭嘉對袁曹二人的全面比較，說到底是對二人素質的鑒定。荀、郭作爲曹操的謀士對曹操雖不免詞帶溢美，但大抵合乎事實。人才素質也是相對的，袁紹之於公孫瓚堪爲強手，但與曹操爲敵，則人才大爲遜色。人之於人就是這樣，強中還有強中手。而說曹操之於袁紹有諸多長處、優處，何嘗不是說曹操人生態度的諸多特點、諸多態度。曹操官渡一戰是中國戰爭史不多的以少勝多的戰例，自可看作曹操人生哲學的輝煌勝績。當然，把它與赤壁之戰參照起來看曹公，此一大勝彼一大敗，便可見更完全的曹操其人。

三道防線，一座糧倉

兩強相爭，勇者勝；兩勇相爭，智者勝，強中必有弱的因素，弱中必有強的潛在……

要它們表現出來只在時機，找出時機抓住時機，人生事業便可有神來之筆。

曹操有諸般優於袁紹的素質，但這還只是兩軍統帥的比較。但戰爭是兩軍對陣，統帥素質高下固然是關鍵，但兩軍實力，包括兵力、裝備、糧草、後勤等，這更是根本。如此說，曹操在根本上還是不如袁紹。

如何對抗袁紹，儘管謀士們給曹操打氣，並且這打氣也是極富戰略眼光的，但曹操對袁紹用兵仍須處處小心，大意不得，馬虎不得。在實力極大懸殊的情況下，任何一處失誤，都可能造成不可估量、不可挽回的損失，甚至全軍覆沒。

而整個官渡之戰，從曹操於建安四年八月兵進黎陽，到建安六年四月擊破袁紹倉亭軍，轉弱爲強，確立對袁紹的優勢，歷時一年零八個月。其間正面敵人是袁紹，同時還要打擊背後的敵人，又要安撫兩翼，穩定許都。如此局面，曹操能戰而勝之，確實做到了穩紮穩打，靈活機動，隨機應變。而其戰略部署大致可作如下表述：

從南到北構成三線防禦體系，三線互相支持，互相響應；集中兵力，速戰速決，又儘量避免與袁紹大軍正面決戰，只在捕捉戰機消滅袁軍力量。

三線防禦體系爲：

奪取當時還在袁軍手中的射犬（今河南沁陽東北），以爲防禦袁軍南下的前哨，此爲第一線。以與黎陽、射犬隔黃河相望的延津、白馬和鄄城爲第二線。官渡爲袁紹南下攻許都的咽喉之地，守住官渡，爲第三道防線。

曹操的三線防禦體系並非天衣無縫，比如建安五年正月還許都殺董承，又親征劉備，這都給袁紹乘虛而進的大好機會，袁紹有一位卓有見識的謀士田豐建議他進軍。可袁紹不但不進軍，反而還討厭田豐，因之坐失良機。而曹操八方應付，一旦騰出手來對付袁紹，那出手就厲害了。突襲白馬斬袁紹大將顏良，撤離白馬時又斬殺袁紹另一名大將文醜。這就是曹操用兵的厲害和講實效了。

儘管如此，袁軍東西連營數十里，長時間對峙，曹軍的弱點還是日益顯露。軍需接濟不上，處處讓曹操捉襟見肘。兵員不足，《三國志》記載，袁兵十萬，曹操兵不到一萬，十有二三爲傷兵。如此兵力懸殊，短時間以一當十可以，長期對抗則難以爲繼。在這種大軍壓境的情況下，曹操仍不氣餒，鼓勵士兵：再過十天半月就可打敗袁紹。到那時大家就快活了！

但更讓曹操憂慮的是民心向背。由於連年征戰，民衆不堪負擔，很多人站到了袁紹那一邊，包括曹操的個別將領，如劉辟。此時在江東的孫策也有北上襲取許都的意思。總之，曹操虎著膽子向士兵開空頭支票，但心裡又有撤回許都的打算。他寫信給留守許都的荀彧，徵求意見，荀彧立即回信，他給曹操的是一個與曹操動機相反的回答，他阻止曹操說：

「袁紹把主力放在官渡，要與明公決勝負。您如果不能打敗他，那就給了袁紹機會，可見此番成敗關係全局。袁紹究竟乃平庸之輩，雖然能團結人才，卻不能使用人才。憑明公神武英明，順應時勢，所向無敵，必無往而不勝也。現在雖短缺軍糧，但還沒到當年楚、漢雙方相持於滎陽、成皋之間那麼危急。當時劉、項沒有一個願先撤，因為誰先撤退就意味著誰先喪失有利的形勢。明公只以十分之一於敵人的軍隊，佔據咽喉之地，堅壁固守，使敵人無法逾越，已歷時半年。如今敵人弱點已漸漸暴露，他們的力量已耗盡，相持的局面很快過去。這正是用奇謀戰而勝之的大好時機，千萬不能失之交臂啊！」

賈詡也對曹操說，明公智、勇、用人、決斷皆非袁紹可比。而半年之內尚不能定局面，是因為欲求萬無一失的緣故。現在只有等待時機，時機一到，局面即為之一變。

荀彧、賈詡意見極為高明，看透了袁、曹，因而把握了大勢。兩強相爭，勇者勝，兩勇相爭，智者勝。在時間裡，強弱對比可以變化。因為，強中必有弱的因素，弱中必有強的潛在。要它們表現出來，只在時機，找出時機，抓住時機，人生事業便可有神來之筆。於是，在等待中，歷史似乎有一千種寫法，但在機會中就只有一種寫法了。

曹操無疑是一個能抓住機會的人。

烏巢奇蹟

非常時刻來的機會，也有非常的風險。

在曹操急需機會的時候，機會果然來了。

非常時刻來的機會，也有非常的風險；也非要曹操這樣的人，非要有曹操這樣見地、信心的人才能抓住。抓住了，不僅轉弱爲強，更在於旋轉乾坤。這又是曹操生平最得意的一筆，大智大勇的一筆。

這一筆，磨墨人就是許攸。許攸，字子遠，年輕時和曹操是朋友，後來他替袁紹當謀士。兩軍對峙時，他給袁紹獻了一計：派輕騎突襲許都。這是置曹操於死地的一著惡棋、妙棋。可惜袁紹不聽。許攸其人貪財，此時偏偏聽說因錢財上的事，在鄴城的家人被袁紹親信大員審配抓進大牢。許攸一時怒發，即投曹操。

投曹操，許攸就給曹操獻計——

「明公固守，孤軍無援，軍糧又快吃光了，情況實在不妙。我有一計，現在袁紹有一萬多車軍糧囤放在故市和烏巢，防備並不嚴密，可以派一支精兵襲擊之，出其不意，以火燒糧，不出三天，袁紹必全軍潰敗。」

許攸的計策，與曹操的尋找戰機，出奇制勝的戰略期待，正猶如乾柴烈火，一觸即發爲熊熊燃燒之勢。曹操大爲高興，即命曹洪、荀攸留守大營，自己親率五千騎兵、步兵五千連夜出發。這就是曹操的作風，明智、果敢。許攸突然出然，眞假何如?衆將疑竇叢生，也不是沒有道理，兵不厭詐嘛。可曹操斷然接納，並且是自己出馬。

曹操之風不僅如此，接許攸尤其見曹操之特點。許攸來時，他正在睡覺，聽說許攸來了，一翻身下床，鞋子都不顧穿上，光著腳丫子就出了帳，一邊跑，一邊熱情歡迎：

「子卿老遠跑來我這兒，我的大事肯定可以成功了！」

古往今來，曹操向來被視爲奸雄。然而，如此情景，實在讓人敬佩曹操是一個大大的英雄了。古今賢才，倘都能碰上曹操這一奸雄，僅這一點眞情、誠摯，也足夠無數英傑爲知己者死了。只可惜古今衆居高位者，只有奸，全無雄，因而賢才也只好當看官了。

當然，當曹操對許攸信而不疑，親赴險境，荀攸、賈詡還是執意支持曹操的。本來，智者見於未萌。到底智者是人中龍也。

只說曹操親自帶著五千兵將，扮著袁軍，矇過一路上袁軍哨卡，天色微明，到達烏巢，即圍住糧囤放火，又猛攻守糧袁軍。袁軍抵擋不住只有退守營寨，等待袁紹大軍來救。

而袁紹知烏巢吃緊，又犯了一個錯誤，不採納張郃救烏巢的建議，卻讓張郃、高覽率重兵攻曹操大營，另該幾千兵救烏巢。張郃、高覽攻曹營，曹營早有準備，張郃、高覽急切難以得手。而曹操得到大本營被攻打也全然不顧，只是對烏巢守軍展開更猛烈的進攻，勢在必得。

即便救烏巢的袁軍已趕到，左右報告曹操，說敵人騎兵越來越近了，請分兵抵擋，曹操卻只高聲回答：

「等他們到了我背後再報告！」

曹操督戰，將士拚命，烏巢營壘迅速擊破，一萬多糧草燒光，多位袁軍守將被殺。緊接著曹操又掉頭擊潰袁紹援軍。最後，曹操把烏巢守將，當年與他一起在靈帝殿前任西園八校尉之一的淳于瓊也殺了。

曹操在烏巢得手，張郃這邊依舊在猛攻。可袁紹這時又犯了一個大大的錯誤，他聽信讒言，懷疑張郃、高覽二人有異心，又迫使二人陣前投降曹操。

這樣一來，袁軍銳氣盡失，上下一片驚恐。曹操乘勝全面出擊，袁軍不戰自潰。袁紹與其長子袁譚只帶了八百騎兵渡黃河逃命。

官渡之戰，經一年多的對峙，至此以曹操的全面勝利而結束。

戰事結束，曹操向獻帝上表告捷說：

……紹宗族累世受國重恩，而凶逆無道，乃至如此。輒勒兵馬，與戰官渡。乘聖朝之威，得斬紹大將淳于瓊等八人首，遂大破潰。紹與子譚輕身迸走，凡斬首七萬餘級，輜重財物巨億。

表文給官渡之戰畫上一個圓滿的句號，也瓜熟蒂落地宣示了曹操生平這輝煌的一頁。何以至如此，正如比曹操年輕得多的諸葛亮所說：「不惟天時，抑亦人謀」。人謀，曹操以自己和部下的智、勇爭得了官渡之戰的勝利。而爭取勝利他總能押上生命的籌碼，因而他總有駕馭時局的智勇！

方與將軍會獵於吳

曹操躊躇滿志地給孫權送去了一封信：

近者奉辭伐罪，旄麾南指，劉琮束手。今治水軍八十萬，方與將軍會獵於吳。

官渡之戰後，大約又用了六年時間，曹操徹底掃蕩了袁紹的殘餘勢力，以袁尚、袁熙被殺，曹操坐定遼東爲標誌，曹操在中國北方的霸主地位已不可動搖地確立。從當時的實力看，諸葛亮在〈隆中對〉時就告誡劉備，曹操擁百萬之衆，兵多將廣，暫不與之爭鋒。這可看作當時最傑出人物對曹操北方霸主實力的承認。

到建安十三年（公元二〇八）七月，曹操南征劉表，幾乎不費一兵一卒奪取荊州，曹操的軍事生涯，已達到輝煌的頂點。

在這一過程中，其政治才能，軍事才能，經濟才能，乃至其人個性都得到充分地表現。從某種意義上說，曹操的先天個性就決定他不會強烈、過分地壓抑自己。但這一過程中，曹操在重大的事件都表現得清醒、謹愼，這是他事業的需要，甚至他的生存的需要。比如，當初把大將軍名號讓給袁紹，比如他和呂布廝殺時他對孫策採取謙恭禮讓的政策，投其所好地封孫策爲明漢將軍，後來又以獻帝的名義賜爵吳侯。到孫策去世，他又讓孫權承其兄的爵位。這都表明著曹操在沒有足夠力量駕馭和制服對手時，能以低姿態禮遇對手，從而在他處境艱危之中，他能把挾天子以令諸侯這一點優勢運用得無懈可擊，因而使他在軍事上、經濟上獲得喘息時間，也獲得休養生息氛圍。

但到了取得荆州之後，客觀上曹操也到了揚眉吐氣的時候。兩個實力最強大的敵人袁紹、劉表都已蕩然無存，劉備茫茫如喪家之犬，並且其人從來也沒得到魚水相生的機會，暫無氣候可言。關中群雄俱不過鼠目寸光之人，胸無大志，敗亡不過早晚的事情。蜀中劉璋暗弱無能，也夠不上心腹大患，並且在劉表的兒子劉琮束手來降時，他早已派使者致臣服之意，並接受徵兵、納稅諸項使命。剩下就是孫權了。他雖佔據江東六郡，有三世經營之基礎，但其人比起曹操，畢竟還太嫩。且孫權大概可用以屏障抵擋曹操的，惟長江天險而已。當曹操佔有荆州，居長江上游，那麼，孫權擁有長江天險已不復存在。

於是，在這種情勢下，曹操便順水推舟地產生伐吳的打算。與此相應，曹操也產生驕傲輕敵思想，這於曹操也是根深蒂固的。

設身處地地想，統帥的個性中的某些毛病，部下是無法有效干預的，特別是一個有才智、有威望的統帥。據此觀曹操在一個人才輩出、英傑縱橫的時代，因爲他佔盡天時，注定有一番大作爲；但當他走向更大的成就時，由於他的輕狂個性，也注定他必中途受挫折。這樣，歷史的機遇也就過了這一村也就沒有這一店了。由此觀曹操其人精神世界可謂尤爲淸晰。

當然，部下不可改變統帥個性對重大決策的影響，但與決策本身，部下是可以說話的。當曹操躊躇滿志，順流伐吳躍躍欲試時，他的若干智囊是淸醒的。

首先是劉備長坂兵敗，東投孫權，許多人認爲孫權必殺劉備。程昱則說不對。他說：

「孫權登位不久，威信不高，又兼曹公新得荆州，江東震動，孫權肯定自料不足以獨當曹公。而劉備早有英雄之名，且其部下關、張等將勇敵萬衆，孫權必借助劉備抵擋曹公。」

程昱此一番議論，言下之意在於：伐吳不會像曹操想的那樣勝券在握。因爲，作爲一個對手，曹操幾乎從來沒眞正打敗過劉備。劉備確實曾不斷敗於曹操，那是因爲他後來居下，力量太弱小，但他每一次失敗之後，又以比以前強大得多的面目出現在曹操面前。惟獨這樣的敵人尤其不可掉以輕心。

於伐吳賈詡也有委婉的建議：

「明公在這之前打敗了袁氏，今天又奪得了荆州，威震海內，實力空前強大。如果利用荆州的富庶，安撫百姓，獎勵官兵，大家安居樂業，那麼不舉兵東下，孫權也會拱手稱服的。」

賈詡的建議無疑也有其深刻寓意，那就是從政治、經濟、軍事三個方面壯大自己，威懾對手，佔有民心，從而不戰而屈人之兵。

但十多年來，曹操戰必勝、攻必克，尤其掃蕩袁紹、劉琮，這使他雄心壯志無以遏制，因而也失去必要的冷靜。再說在有利的條件下，坐等敵人來降，不採取主動進攻的態度，也絕對不符合曹操的性格。還有，平定了南方他要迅速揮師西向，擊破韓遂、馬超。這也是他的一塊心病。

因而，在又得意，又急躁的情緒下，曹操給孫權去了一封信。具辭曰：

近者奉辭伐罪，旄麾南指，劉琮束手。

今治水軍八十萬，方與將軍會獵於吳。

江東廟算

兵有可測與不可測者，勝負之機，一半予人一半還交機遇、還交意外的人事，而於「意外」亦須人謀，此方為百戰不殆。

寥寥三十餘字，雖在極其得意之時寫就，雖見輕率之端倪，然僅此一信，仍見出曹操厲害過人，得勝之將帥，字字心機，字字千鈞。而文章大匠筆力雄風，亦躍然低上。

信送到孫權手上，正如曹操所預想的，孫權把信拿給衆人看，所有人幾乎都被那幾句躊躇滿志、不軟不硬的遊戲語言，嚇得變了臉色，半天做聲不得。等回過神來，張昭等人便紛紛勸孫權投降曹操。

關於這一點，也許在曹操意料之中。天下人才幾何，江東人才幾何，曹操應是知己知彼的。然而，曹操忘了天外有天，忘了兵有可測者，還有不可測者；勝負之機，一半在人一半還得交給機遇，交給意外的人事，而於意外也須廟算其中，此方為百戰不殆。他自己的傑作官渡之戰不就是他坐等意外，又抓住意外之機從而克敵致勝的嗎？

在這裡，曹操預料的只是懦夫的反應，而不是英傑的籌謀。而奇蹟恰恰是英傑創造的，且此時天下人傑恰恰又薈萃江東。那就是劉備、諸葛亮、孫權、魯肅、周瑜、龐統，以及孫劉所有主戰文臣武將，他們可不吃曹操這一套。早在曹操準備揮師東下，他們就開始奔走運籌了。

早在曹操襲取荊州之前，魯肅便開始了請命結好劉備之行。魯肅在當陽長坂路遇劉備，始有劉備東下樊口之舉。魯肅此行及其動機影響非凡，見地亦非凡。當曹操勢大，天下無敵時，他首先開啓孫劉聯盟抗曹之契機，打下了曹操赤壁兵敗的伏筆。此為曹操所始料未及。

及至諸葛亮請命赴東吳說孫權聯劉抗曹，諸葛亮智激孫權抗曹決心，又詳析三方大勢說：

「劉玄德將軍雖兵敗長坂，但收拾部衆再加關羽水軍，總數不下萬人，且皆為能征慣戰之士，劉琦在江夏之戰士也有上萬人。曹操遠道而來，人困馬乏，正爲強弩之末。而且，北方人又不習水戰。此外，荊州民衆降操不過迫於兵威，決非心服。現在將軍如能派一猛將統兵數萬，與劉將軍同心協力，是一定能夠打敗曹操的……。」

諸葛亮這一番分析，知己知彼，又有鼓動性，孫權大有戰勝曹操之信心，也奠定了孫劉聯盟的心理基礎，此又爲曹操始料不及。

到周瑜向孫權分析曹操的弱點時說：

「假定曹操後方穩定，無後顧之憂，能夠曠日持久地同我們在陸地爭個輸贏，但他在水上也行嗎？何況馬超、韓遂還在關西威脅著他。他捨鞍馬、登舟楫同我們較量，這是棄長就短。目前又正當隆冬嚴寒，馬無草料。且其兵衆多爲北方人，讓北方人遠涉江湖，不服水土，必生疾病。以上所說四個方向，皆爲用兵大忌，曹操都犯了。將軍活捉曹操，機會就在這裡……。」

周瑜還說：

「衆人只看到曹操信上說有水步兵八十萬，就害怕起來，便不管虛實，只管投降。核實其實際情況，曹操從北方帶來的軍隊不過十五、六萬人，己疲憊不堪；所得劉荊州部衆，頂多不過七、八萬人，且對曹操心懷疑懼。曹操率疲憊不堪之衆，指揮狐疑不定的降兵，人數雖多，有什麼可怕？……」

周瑜同諸葛亮所見略同。二人如此看透一個所向披靡的勝利者，看透他在乘勝進軍中的致命隱患，並力圖充分利用這些隱患而打敗他，這又爲曹操所始料不及。

彼此一曹操

前有濆水之難，後有赤壁之難。

眞是，波一曹操，此一曹操，皆一曹操也。

然而，非眞的始料不及，因爲勝利，曹公的輕狂勁兒上來了，因而不能細察也。並且，客觀地講，孫劉聯手，諸葛亮、周瑜、魯肅運謀，這一時人傑通力抗曹，即使曹操深知自己的短處，如賈詡所言，按兵不動，靜待江東變化，只怕也只能事與願違。世界是英雄的大舞台，曹操到底只佔了中原，所剩的地方還很大，英雄尚有用武之地。也許那時代注定天下三分，曹公一人智力豈可抗拒乎？

因之，黃蓋送書來降，精細如曹操竟看不出破綻，竟不提防。

本來用鐵鏈把船連在一起，只求讓北方來的士兵不致暈船嘔吐。誰知恰恰成就了黃蓋一把火。舳艫千里，旌旗蔽空，橫槊賦詩的武威雅事。一夜東南風起，變得百里連營，火燃張天，此又爲曹公始料不及。

從孫劉聯軍的窮追猛打之中，曹操從華容小道倉皇逃得性命，安定下來，不由痛定思痛，悲從中來，竟想起常出奇計，助他屢戰屢勝的郭嘉，不禁悲愴呼叫：

「要是郭奉孝還在，我是決不會落到這個地步的！」、「哀哉，奉孝！惜哉，奉孝！」

眞是一個率眞得無遮攔的曹操，然而此一說也把程昱等人的婉言建議完全抹煞了。是無心言之，還是有意委過部下？不好妄斷，惟曹公自知，然而從此觀曹操亦眞曹操也。

而曹公赤壁大敗從其行爲與性情上講，也有其前因後果，甚而有前車之鑑。還在建安二年，曹操第一次征張繡，張繡自知不敵，開城投降。勝利來得太容易，曹公便輕狂起來。他聽說張繡的嬸娘美貌非常，便叫人將其找來陪他睡覺。這樣，禍事就來了。

張繡用賈詡計，瞞過曹操，率全副武裝的士兵進入曹操大營，一聲令下，將士一齊動手。曹操一時措手不及，無法抵抗，靠了典韋保護，方得逃脫。那一次頭腦發熱，整個曹軍被打得七零八落，潰不成軍，愛將典韋、長子曹昂、侄子安民同時遇害。這就是歷史上曹操征張繡的所謂「淯水之難」。淯水之難對曹操的打擊是慘重的，但曹操的認識是：

「我接受張繡，由於沒有及時扣留他們的人質，以致弄到這種地步。我也已經明白失敗的原因了。大家看著，今後我不會再打敗仗了！」

不從自身找原因，委過於不留下人質。

曹公性情過分放縱，生活態度是享樂的，且又愛面子。如此人品與其才智構成巨大反差，如果說這使人遺憾，毋寧我們老老實實承認，這就是眞曹操。正因此，其功業不下於諸葛亮，其智謀也常可與諸葛亮抗衡，但諸葛亮千古之下，為人景仰，甚而被認為是中國千古完人。而人們於曹操，縱使敬佩他的赫赫功業和層出不窮的神妙智略，承認他是一個英雄，一個大大的英雄。但認同之中總有諸多訾議。

正因為曹操心性中有如此不可改變，不能自悟的劣根性，因而一段順利之後就必然要栽一個大跟頭。

因而，前有淯水之難，後有赤壁之難。

眞是，彼一曹操，此一曹操，皆一曹操也。

用霸術兼糅王道（上）

孟子曰：「以力假仁者霸，霸必有大國；以德行仁者王，王不待大，湯以七十里，文王以百里。以力服人者，非心服也，力不贍也，以德服人者，中心悅而誠服也，如七十子之服孔子也。詩云：自西至東，自南至北，無思不服。此之謂也。」

——《孟子·公孫丑上》

喪亂以來，十有五年，後生者不見仁義禮讓之風，吾甚傷之。其令郡國各修文學，縣滿五百戶置校官，選其鄉之俊造者而教學之，庶幾先王之道不廢，而有益於天下。

——曹操〈修學令〉

用霸術而兼糅王道，對於中國的統馭哲學，尤其對於中國封建時代的開國君臣，是一個帶有根本性意義的命題。甚至對於整個人類的領袖哲學，它都是一個根本性的命題；只是各個國家，各個民族，各具其文化特點，尤其在語詞上各有各的說法，只是表現形式不同而已。

然而在手段上，無論對敵人、對手，或對治下的民衆，無不採用明與暗、軟與硬、寬與嚴、剛與柔這兩手。在這一點上只有做的程度和效果的不同，但絕無不這樣作的。那麼，這兩手用中國傳統的政治哲學衡量，其最高範疇和最大涵蓋也就是霸術與王道，或者說是霸道與王道。

或者，換言之，霸道與王道就是軍政哲學的同義語。

所以歷來開國君臣都無一例外地利用這兩手爭民心，奪天下；守成之君臣也無一例外地利用這兩手馭政牧民。所不同的依然是將二者調理得程度不同，而非不這樣作。

曹操起於亂世，聞「治世之能臣，亂世之奸雄」即喜，又自許「吾任天下之智力」並無往而不勝，又能挾天子以令諸侯，因之，可以說曹操尤其熟諳王道霸術，並在他的軍政生涯中運用得駕輕就熟，甚至連他的私生活，諸如待人接物，戲謔閒談都帶有王霸雜糅的特點。

王霸生於人心

《書．洪範》——無偏無黨、王道蕩蕩。

因爲王霸二道對於軍政大事，或者說對於國計民生是一個常人視而不見，但又無時無刻不存在的社會與人生的大道，那麼在這一章說了這麼一個大而化之的開場白後，覺得有必要還要說破一二。其一是由此我們可更深入地思考王道霸術之內涵與眞諦，二是由此進而更好看曹操其人，尤其是其生平行爲之得失，或於其中看出於後來人的意義。

何爲王道？

簡而言之就是儒家主張的以仁義治天下，其核心就是一個「仁」字。作爲一種社會情景就是「無偏無黨，王道蕩蕩。」（《書·洪範》）也就是說人在社會上不結黨營私，不偏心偏愛，那人與人關係也就友好平和了。由此推及國家民族，也就不偏執，不爭鬥，不恃強凌弱，不巧取豪奪。到孔夫子手上，這種王道更完善爲一套成體系的倫理政治模式和人之行爲模範。於社會言之，是忠、孝、信、義、禮、廉、恥等。社會是人的社會，落實到人就是君信臣忠、父慈子孝。其基本特點是「仁者愛人」，不欺詐，不壓迫，使社會充滿理性，使人間充滿友愛。

何爲霸道？

就是憑藉威勢，利用權術、刑法，用一套強硬、機巧的辦法對付爭鬥的對手、敵人和治下的民衆。

如果說王道的發明專利權屬於儒家，那麼，霸道的專利主人就不好歸屬哪一家了。法家、兵家、刑名家、縱橫家，如申不害、管仲、商君、姜尙、吳起、蘇秦、張儀等等當然是講霸道的，但理論起其理論智慧都沒有資格充當專利主人。倒是道家的老子、莊子、列子講虛無，一生二，二生三，三生萬物；人法地，地法天，天法自然，如此憑空魔變，正可變出無窮法術、權謀。因此，極力倡導回歸自然，回歸虛無的道家正好引出了兵家祖師爺孫武子，而孫子無疑是不失道家本色的人物，功成名就身退天之道，他做到了。如此，要把霸術歸功於道家，老莊肯定斷然拒斥。然而，客觀效果必然如此，這也是一份無奈，有意栽花花不發，無心插柳柳成蔭。因此，莊子也說老子創大道自然學說，其遺棄的理論糟粕竟成了帝王權謀術，這眞是太叫人失望了。

不過從名與實的關係上說來，大概人類在矇昧時代就已知此王霸二道了，只是當時不這樣說，不曉得這樣說罷了。但人總是有愛心的，有善性的，有人格的，因而便有一種做人的方式、態度、風格，並企求整個世界都如此，這就是後來的王道仁政。但愛心善性又常常使人想達到目的而實際達不到，並且常常因此吃虧。因此，人不免動點心機，至少最不願傷害他人的人也會「害人之心不可有，防人之心不可無」，只此一步便使愛心善性變得複雜了。何況人還有惡劣、權詐、智巧的天性，這些天性用於人際關係，用於爭鬥，也就是後來的霸道了。

所以，無論後來的儒家，還是刑名家、縱橫家等等，他們並沒有創制什麼王道、霸道，不過是發現了已然的存在。當然，他們也不是沒有做什麼，至少他們各自大力倡舉了自己的主張，並且把自己的名字與學說也分別寫在王道與霸道的旗幟之下。這對人類文明當然是一份貢獻，不過於人希望的眞善美，於人最初的那種純樸、天眞，確實是一種破壞。

這好像又不能怪王道、霸道，乃至諸家學說。這只能怪人自己，走出了樸素天眞就永遠回頭不了。所以大仁不仁，大智不智，大道無謀，永遠是一種理想。

由來王霸雜糅

> 歷來王霸二道可以如是說：
> 說法上是對立的，做法上卻是合二為一，互為補充的。

王霸二道從生發上講大致如此，體現一種人的品格它們似乎還是相對的，最初的情景我想應當是這樣的。而且在體現一種美好的人格，和人格的美好追求，霸術、王道在道理也確實是相對的。如果說都是爲了一個目的，霸道總似乎有點不擇手段，仁者不爲；王道便總是溫情脈脈，給人如沐春風之感。比如諸葛亮勸劉備奪取劉表的荊州，以爲立業之本，劉備看重兄弟情誼，說斷乎不可；又劉備率民渡江，曹操大軍窮追不捨，劉備不棄民衆，寧願承受全軍覆沒的危險。如此，即爲王道，這也確實十分感人。但曹操挾天子以令諸侯，攻城掠地之時常使詐術，破城之後又常常實施屠城政策，像血洗彭城，官渡之戰活埋袁紹降軍七萬衆。這般霸道，當然使人寒心、痛恨。

說法上如此，但實際做法上卻並非如此。歷來王霸二道可以這樣說：說法上是對立的，做法上卻是合二爲一的，互爲補充的。說形象點，王道霸術實際是一個連體的孿生兄弟，是政治家、軍事家的兩隻手，兩件衣裳。

商湯的網開三面的故事，應該說標舉的是王道了。他在野外看見有人在四面都張起大網，還聽見張網人說：讓上下四方的鳥兒進入我的網中吧！商湯於是對那人說：

「唉，這樣就把鳥兒捉盡了！」

商湯就下令撤去三面的網。商湯這個網開三面的做法傳開去，果然就有很多賢人投奔他，民衆也嚮往他主張的寬鬆的王道政治。但商湯到底留下了一面網呀，這一面網就是威權、警戒了。這做法就是霸術了，只是它有著引而不發的高明了。再說既然讓老百姓好好過，何必要張揚這麼個「網開三面」的故事呢？大仁不仁，知者不言。想來，商湯這網開三面的王道，本身就是在行霸術。

倡導王道，無論影響之大和個人貢獻，大約很少人可與孔子比了。但他景仰的西周王道，就是王霸兼用而得天下的。周文王，天下三有其二，仍對商紂王恭順稱臣，除了說明文王其人多忠厚之心，胸襟博大，另一方面也說明他是等待更好的機會打倒紂王。因爲，紂王當時還有力量，他小不忍必亂大謀。更見姬昌行霸道的是他請呂尚出山。呂尚可謂中國王霸兼用的祖師爺了，他極富心機，最知世事人情。所以他一出山，周人對殷商的霸術就使用得淋漓盡致。他叫周武王謙卑的恭敬紂王，給紂王送美女，荒廢他的朝政；給他送軟綿綿的音樂，腐蝕紂王的意志；給他送好穿的、好玩的、好吃的、好喝的，使他不務正業，日益親小人，遠賢臣。

正因爲呂尙智術的潛移默化作用，才有周武王後來牧野一戰，一舉打垮紂王，並迫使紂王鹿台自焚。

西周立國情景如此。其實極力倡導王道仁政的孔子本人，在其任魯國大司寇這極短的軍政生涯中，他也是王霸並舉的。

齊魯會盟，魯定公慨然前往，孔子立即建議：臣聽說君主行事，處事必有武備，文武之事不可離也。便讓左右司馬率兵隨行。

果然，會盟中齊景公君臣以爲孔子是個書呆子，好欺負，便奏樂羞辱魯定公，魯定公怕極了。孔子卻態度從容，要齊景公退下夷狄音樂，又要求齊景公懲處破壞會盟氣氛的樂隊領隊，景公不肯。孔子立即拔出劍來，怒斥齊公：

「兩國通好就是兄弟，魯國的執法官就是齊國的執法官！二司馬何在？」

二司馬聞聲衝出，飛身揪出男女二樂隊領班，當即斬首。

會盟不歡而散，齊國君臣不料孔夫子運用王霸二道竟如此自如老到，大大地吃了虧。當然，孔子此舉也給自己的王道仁政作了一個注腳，其王道仁政是霸道權術作幫襯的王道仁政。而非宋襄公、徐偃王那種眞的好好先生的王道仁政。

至後來楚漢之爭,劉邦挾一身先天的無賴習氣,再得韓信、張良、陳平權謀相助,和項羽打打和和,雖然標榜王道,但王道即便遮住無賴的嘴臉,但已露出了霸道的猴子屁股了。並且發展下去,韓信作爲戰功赫赫的開國第一功臣,也成了霸道權術的刀下鬼。倒是張良機警無比,功成身退,晚節平安。

曹操用王霸

曹操放縱情性,不拘小節;因智而詐,甚而奸滑。

追溯歷史文明的歷程,王霸行使大抵如上所說。所以歷來王霸二道,王道既非「可憐繡戶閨門女,獨倚青燈古佛旁」,霸術也非「獨立三邊靜,輕生一劍知」的江湖獨行俠。二者總是相幫相襯,做表做裡,爲文爲武,行好行歹,盡忠盡奸,合二爲一地完成某種軍事政治目的的。

所以,大節上,從文明的延續上,曹操雜糅王道霸術也屬此情形,也當這樣看。並且，在此意義上，曹操之言行乃至人生風采，也是獨具特色的。

之所以這樣說，在中國漫長的歷史河流中，還有另外現象。另外現象即王霸二道之外還有其他統馭之道，比如漢朝初年的黃老之術，即無爲而治，這當然是一種很高妙的統馭之道，極省事，極富智慧，也極具人格修養。但細論起來，它像王道，又似乎聯繫著霸道。因爲它的哲學基礎是黃帝、老子的學說，它的最大特點是不無事找事，既不像王道那樣多情多義，也不像霸道那樣無情無義。因而，它自是一道。

另外，還有以佛道治國治軍的。如南北朝的梁武帝等，北宋的宋徽宗等，清初蒙古的諸多部落。佛道自有他萬古流傳的價值，若用之治國治軍，以是治國用兵者走火入魔。但無論如何，循此道也有一班人物。爲見曹操之獨特處，聊備一格且開列在此。

還有什麼都不做的吃現成的人物，比如明代中後期的一些帝王，還有賣官鬻爵，花錢買江山，買看客的，如東漢桓帝、靈帝之流。當然，他們無道可言，也無作爲可說。

那麼，這樣一說開來，一比較，奉行王道霸術者，大致有如下特點：

1.盡爲有所作爲的人物。呂尙、孔丘、劉邦、張良、劉備、諸葛亮是也。自然，曹操也必在其中。

2.盡爲智能人物。又是以上人物，依然少不得曹操。

3.能利用時世，又能造就時世。

4.能守能變，能屈能伸。

5.有大勇，有確定的人生目標與志向。

6.知人善任，愛惜人才。

這是行王道霸術的人們的共性，這共性曹操當然應有盡有，但僅有此那曹操就不是曹操了，曹操還有曹操的特點，即：

1.挾天子以令諸侯，打的是皇帝牌。

2.因智而詐，甚而奸滑。

3.放縱情性，不拘小節。

4.有時殘忍，幾無人道；有時多情，極有人情味。

5.敢冒險，常死裡逃生，亂中取勝。
6.認定有道理，敢冒天下之大不韙。
7.順我者昌，逆我者亡。
8.有時多愁善感，常揣哲人之心。

這八個特點，即是曹操用霸術而兼用王道八個方面表現，也是曹操人生的八個特點。因為行為之特點，總是呈現人生的。這樣，在「吾任天下之智力」、「惟才是舉」等章，實際上已談到曹操兼用王霸二術的一些做法與特點。那在這一章中，就只擇大節說說了。

不得慕虛名而處實禍

「不得慕虛名而處實禍」——曹操兼用王霸的目的論。

曹操〈讓縣自明本志令〉談自己生平行事與心跡時，說過這樣一段話：

然欲孤便爾委捐所典兵衆以還執事，歸就武平侯國，實不可也。何者？誠恐己離兵為人所禍也。既為子孫計，又己敗則國家傾危，是以不得慕虛名而處實禍，此所不得為也……

還說：

江湖未靜，不得讓位……

這一席話的意思是，當時已有人指責曹操有異志，不僅劉備、諸葛亮、周瑜指責曹操名爲漢相，實爲漢賊，即便曹操統治的許都，也有許多認定曹操有異志，因此，有人就建議曹操把兵權交還給朝廷（執事），辭去丞相職務，回到自己武平侯封國去養老享福。曹操的回答是：斷乎不可！爲何不可，大而言之是不能讓國家再次蹈入戰亂；小而言之，是個人不能圖虛名而招來實實在在的禍殃，所謂「不得慕虛名而處實禍」。

「不得慕虛名而處實禍」，可謂曹操兼用王霸的目的論，更可謂曹操操縱王霸二術的傳神之筆，集中起來就是一個「實」字。也就是說曹操用王霸二術所有的目的就是爲了實實在在的功利。

為了實實在在的功利，毅然和董卓決裂，以獻身的精神首舉討董義旗，爲天下倡。這是曹操生平極輝煌的篇章，充當了漢末第一英雄的角色。這當然是行王道。後來的事尚難逆料，在當時曹操肯定是大智、大勇、大忠。但陳留舉兵，曹操是行王道也是行霸道。當時曹操實際如何想，歷史雲煙淼淼不得而知。但至少有幾種可能：成，爲漢家掃平董卓，重整河山，做一樁於漢家天下功德無量的事，做一個大大的忠臣。不成，擁兵自重，可「任天下之智力」，與群雄爭霸。這些考慮都是實實在在的。

爲了實實在在的利益，他有雄才大略，但他決不是沈於幻想的人。爲了打敗袁紹，他可以冒死親率士卒去攻打烏巢，這樣果決，同時敢於置之死地而後生的統帥，古往今來比比皆是，但當此一時，並不多見。爲了拿穩既得的勝利，官渡之戰後，他將袁軍降卒七萬人一舉坑殺。這與當時的劉備、諸葛亮形成鮮明的對比。諸葛亮治蜀定南方時，也曾多次捕獲孟獲叛亂兵將，但從來都是以王道教化之，以王德感化之，顯示出更加恢弘的氣度，和把握局勢的自信。在這一點上，曹操的王道霸術在許多時候就見其急功近利的特點，並表現出他性格急躁，生性奸詐，和手段殘酷。

爲了實實在在的利益，他能誠心誠意地禮賢下士。比如他光著腳丫兒跑出寢帳歡迎許攸，謙卑問計。設想，若沒有許攸，曹操即便可以打敗袁紹，那難度增加幾成幾倍，很難說定。也是在這裡，他和袁紹形成鮮明的對比。許攸叫袁紹奇襲許都，當然是高明之見，袁紹不聽也就罷了，但還要做出是智與謀、成竹在胸的樣子。這樣，袁紹講面子、講虛名，曹操講實效，講踏實去做，一敗一成也就必然了。

同樣，爲了實實在在的利益，他敢冒天下之大不韙，倡「惟才是舉」之一說，並以爲招納人才之方針。此舉對一種陳腐的人才觀實有震聾發聵之效用。但走到他身邊的人，必須爲他的實利盡心盡力，一旦他看出人家違逆他的意志，不利於他的事業，他就務必去己而後快。他逼死荀彧、崔琰，即見出其功利觀念的急切與殘忍。

關於這一點，或者是重要是一個性格、心胸問題。但也正是如此心胸、性格，使曹操行王道兼使霸術鮮明地烙印上曹氏的記號。如此，從另一個方面說，曹操也提倡王道，並且在他的轄區裡也推行王道，比如他也宣揚仁孝觀念，他也頒布過〈整齊風俗令〉〈修學令〉等體現王道仁政的法規、命令，但他到底認為那都是虛的，不如威權、權詐、刑法、刺刀見紅地有直接效用。自然，他也不能為虛名，放棄權柄。

止戈為武與揮戈為武

在國人的眼中，兵者是凶器，聖人不得已方用之。

在漢字中，「武」，一般人的印象是軍事、暴力、殺伐、戰爭這樣一些事兒。但《說文》中說武，從戈從止，也就是通常所說的「止戈為武」。也就是武，最正確的理解和做法是，制止戰爭，制止暴力，制止流血，這才是真正的「武」了，可衍繹出武力、武德、仁心等等。

武的正當作用與正確理解如此。但止戈爲武在實際當中卻又有話到口中由人說的歧義。總之，武即爲「止戈」，那就有東伐敵人，保全自己的功用，也正因此，中國古今一些人，一旦抓到了兵權，就一輩子不放手，沒抓到，就拼命抓住，比如劉邦、司馬懿、趙匡胤、朱元璋等。曹操自然也如此。

不過曹操在行止戈爲武之道時，更有些揮戈爲武的特點，也就是他行霸道時，常常十分狠毒，因此我們說他用霸術兼用王道，說他的人生哲學，不能不說到這一點。也就是說，曹操的一生，在馬背上的時間很長，也很多，而且有以殺戮爲快事的脾性。

現出這種特點，最早的事件是曹操征陶謙攻取彭城那一次。

征陶謙，當然也是曹操在群雄競逐中，自己玩弄霸術的一種結果。大抵性質如此，但究其許多細節，曹操征陶謙，無論是公義，還是私因，都還是有道理的。

董卓亂國，曹操首倡盟軍，陶謙竟沒有參加酸棗盟軍，反因此被董卓加封爲徐州牧。這可能是曹操對陶謙一開頭就反感。

二是曹操經營兗州時，各路諸侯合縱連橫的情況所致。當時董卓造成的禍患並未完全消失，東方諸侯袁紹、劉表南北呼應，各自擁地發展勢力，而另一派袁術、公孫瓚作爲袁紹的對立面，也遙相聲援，氣焰甚高。在這兩大陣線之中，陶謙站在公孫瓚、袁術一邊，並派劉備對袁紹示威。而曹操此時正依附袁紹，出於同一營壘的利益，出兵攻打陶謙也在情理之中。

更有一原因，是曹操的父親在陶謙的地盤上被殺，或者說陶謙是曹操的殺父仇人。關於曹操的父親曹嵩被殺，史書記載頗爲不一。《三國志・魏書・武帝紀》，說是在興平元年（公元一九四）被陶謙殺害於琅玡（故城在今山東臨沂市北）。《世說》注引說是被陶謙殺害於泰山郡華縣（今山東費城縣），同死的還有曹操之弟曹德、曹嵩的小老婆等。

《後漢書・陶謙傳》則說是陶謙的部將，見財起心，殺了曹嵩。《吳書》也持此說，並且那部將還是受陶謙指派，護送曹操父親過境的。

另外還有其他說法，無論如何，曹操攻陶謙事出有因，並且似乎就是復仇之戰。也因此，曹操攻陶謙十分凶猛。初平四年秋，曹操一口氣攻下陶謙十多座城池。彭城會戰，陶謙又大敗，陶軍上萬人被殺。城池打破，曹操縱兵屠城，見人就殺，整個彭城又數萬人被殺，泗水血流成河，倒屍落入泗水，河水爲之不流。

爲什麼這樣心狠手辣，爲了洩憤？爲了樹威名？爲了殺雞給猴子看，讓所有跟曹操作對的人望而膽寒？曹公固是英雄、神武，但如此殺戮，卻見不出什麼英雄器量！

無獨有偶，還是這個彭城，建安三年，曹操第二次以征服者的姿態進入，又一次下令屠城。這時曹操已有挾天子以令諸侯的資格，他以漢獻帝使者名義，東征呂布。在戰事上，曹操確實是英雄，無論運籌帷幄，還是揮戈縱馬，他常常是勢如破竹。泗水擋不住他的鐵蹄，彭城阻擋不了他的長槊。呂布擋不住凶猛的攻勢，倉皇出逃下邳，把百姓交給了曹公。曹軍將士，大刀落處，血如泉湧；長矛刺處，無辜的男女像沙袋一樣倒下……

以曹操之修養，以曹操之情思，他應該深悉止戈爲武的原則。然而他視人命爲草芥，以征服者的絕對優勢對付平民，揮戈爲武究竟爲什麼？

寧我負人，毋人負我

《三國演義．謀董賊孟德獻刀》——

曹操：「寧教我負天下人，休教天下人負我。」

「寧我負人，毋人負我！」此語見於孫盛的《雜記》，也即《三國演義》第四回「謀董賊孟德獻刀」上那句天下婦孺皆知的話：「寧教我負天下人，休教天下人負我！」

《三國演義》是小說，當然只能作小說看，但《雜記》是史書卻不可忽視。因此，「寧我負人，毋人負我」可謂曹操生平最大疑案。確認這一說法，那曹操無限英雄，諸多長處，僅這一句話就滿臉白粉了，並成爲典型的強盜哲學與奸雄言，那曹操也成了獨夫民賊的發言人。

但諸般史籍記述之牴齬，民間影響之大，雖有《三國演義》小說和戲劇宣傳作用，但欲觀一眞曹操，且把若干典籍記述介紹在此：

1. 王沈的《魏書》，最早記述此節的是王沈的《魏書》，他說曹操帶幾騎人馬出洛陽，過了虎牢關，到他父親的老朋友呂伯奢家借宿。當時呂不在，呂的兒子與友人搶劫曹操一行人的馬匹和財物，曹操大怒，即拔劍殺了這幾個人。

2. 郭頒的《世語》，說曹操進得呂家門，呂伯奢出去不知幹什麼了，但呂的五個兒子盛情地接待了大名鼎鼎的曹操。主人的盛情、周到沒有讓曹操感動，反倒起了疑心，他認爲主人在設計害他，就趁著天黑，先下手爲強，拔出寶劍連殺八人，接著連夜逃走。這是疑殺，也是莫須有，讓人家死得不明白。

3. 孫盛的《雜記》，他說曹操到呂伯奢家，主人熱情接待他之後，聽到一種像兵器碰接的聲音，實際是碗碟碰撞之聲。於是心眼兒多的曹操就以爲呂伯奢的家人想殺害自己，就搶先動手，趁著天黑將那些人一一殺死。後來發現是誤會，大錯鑄成，人死不得復生，不免哀嘆，但又說了一句強詞奪理的話：「寧我負人，毋人負我！」估計小說《三國演義》——「寧教我負天下人，休教天下人負我」就是從這裡來的。

關於曹操殺呂伯奢一家情況如此，究竟何如，阿瞞不可復生，即便復生，沈沈兮魏王也會枉顧左右而言他了，所以只能是一個永恆的懸案。

曹操與華佗

曹操一生行事，查無實據，卻又事出有因。

如果說曹操殺呂伯奢一家在歷史上有三人言虎，牆倒衆人推的情形，那曹操殺華佗的難辭其咎，使我們看到其霸道的某些本質。

華佗是漢末一代名醫，在整個中國醫學史上，這樣的神醫也找不出幾個。他一生有許多藥到病除、起死回生的傳奇故事。某郡守患病，他看了看郡守脈相、氣色，對郡守說：你大怒一場病就好了。於是收了很多錢卻不給醫治，只留下一封信把郡守臭罵一通就走了。郡守大怒，立即派人追殺華佗。但郡守一怒，吐黑血數升，病立即就好了。

在醫學上，華佗用現代科學觀念看，幾乎是全才，內科、外科、婦科、兒科、針灸無不精通。但就是這樣救了無數人命的神醫，碰到曹操卻救不了自己的命，這大概應是曹操霸道的一個注腳。

曹操患有頭風眩的病，許多醫生都治不好。曹操請來華佗，華佗給他扎針，針一扎就不疼了。華佗給曹操建議，說這病一下子難斷根，要長期治療，這樣可益壽延年。曹操便想把華佗留在身邊，頭一疼就請華佗治病。但華佗卻不願被曹操役使，加之離家時間久，便對曹操說，家中有事相招，要回去些日子。曹操也答應，給假期。

華佗回家，期限過了也不回來，曹操去信、派人催促，華佗都以妻子有病爲由，推辭不就，這樣就惹火了曹操，他派人到華佗家看究竟，說要是華佗無故推辭，就把他抓回。果然，華佗被曹操關進了大牢。

根據與曹操相處的經驗，荀彧料定曹操不會輕饒華佗，就規勸曹操，說華佗醫術太高明，很多人靠他救命，還是赦免了好。

曹操卻氣惱地說：

「用不著擔心，難道天下還少得了這等鼠輩嗎？」

華佗在獄中受盡拷打。

在獄中華佗拿出一卷醫書給看牢人，說這可以救人活命，請看牢人傳出去，看牢人不敢，華佗便絕望地把這一卷總結自己一生醫術結晶的書，一把火燒了。就這樣，華佗便在大牢被拷打致死。

害死華佗是曹操一生霸道極醜惡的又一筆。直到他一位最有才智的兒子，曹沖死時，他才後悔自己錯了。他嘆息說：「我不該殺華佗，不然，我兒是不會白送命的！」

如華佗這樣屈死曹操手中，在曹操身邊時常發生。這樣說「寧我負人，毋人負我」，出自曹操之口，也有性格邏輯的合理性，至少於曹操一生行事，也算是查無實據，然而到底又事出有因。

曹操與孔融

曹操的權詐主要表現於對付自己的政治對手，即為了自己的政治利益和目的，他常採權宜之計，以退為進，迂迴達到目的。

曹操的權詐，不僅僅是戰場上的兵不厭詐，那不是曹操的特點，每一個能征慣戰的將帥都是。曹操的權詐主要表現於對付自己的政治對手，即爲了自己的政治目的和政治利益，他經常採取一些權宜之計，以退爲進，迂迴達到目的，再就給對方加上莫須有的罪名，置對手於死地。像他對付劉備、馬騰、韓遂等人都不同程度地用過權詐之術。但劉備等人有勇有謀，因之，曹操對他們做法收效不大，充其量不過維持一段時間相安無事，最終達到目的還是要打一仗。有時打仗也不奏效，這就必然天下三分了。

但曹操爲了對付自己圈子裡的人，或者說是爲了對付和自己一同朝見漢獻帝的那些人，那就是爲所欲爲了。這一點最著名的事件就是殺孔融和借劉表的刀殺禰衡。

孔融是孔子的二十世孫，從小就有才名。十歲時，一個毛頭小子去拜見當時的名士李膺，對看門人說與李膺是世交。進了屋子，李膺問他兩家祖輩如何爲世交，孔融說：「是的！先君孔夫子與您先人李老君同德同義而相師友，因此我與您是世家。」孔融這說的是孔夫子曾向老子問禮的故事，算是李、孔二家有交往了。

在座客人都誇孔融人小而機敏不凡，但太中大夫郤冷冷地說：「小時聰明，大了就不一定能幹了。」

孔融立即反唇相譏：「照您所說，您小時一定很聰明喲！」

衆人哈哈大笑。

孔融是孔子後裔，自然是崇尙儒術的，而且博學多才，文章寫得極有氣勢。又兒時有「孔融讓梨」故事，十六歲時掩護著名黨人張儉，事敗後與其兄爭死，一時名重，爲人景仰。孔融做過虎賁中郎，當過北海相，帶兵攻打過黃巾義軍，也對袁紹用過兵，但都以失敗告終。但是孔融爲人自以爲才智過人，天下豪傑皆不及他。

而孔融另外兩個特點也是明確的，一是不把曹操放在眼裡，二是忠於漢朝。但世事如棋局，難以預料，孔融投奔曹操，曹操因其名自然歡迎他，有時也借重他招攬人才。但二人也有性格上的格格不入之處。孔尙虛名，曹尙實能；孔口若懸河，脫離實際，曹工於心計，講實幹；孔講忠於漢朝，曹骨子裡講他人對自己百依百順。而孔融實乃一書生，而曹操是手握重兵，心明眼亮，走一步觀幾路的霸主。

又孔融到許都任職曾多次傷害曹操。

曹操破鄴城，曹丕把袁熙的妻子甄氏據爲己有，曹操也成全了兒子。孔融知道了這事兒便給曹操寫信說：「武王伐紂，就把妲己賜給周公做小老婆」。妲己是商紂王的寵妃，紂王兵敗牧野，鹿台自焚，妲己被姜尙處死，並無武王送妲己給周公做婆娘的事情。但曹操認爲孔融肯定是在什麼書上見到這樣的記載，就問孔融見自何書，孔融卻回答說：

「用今天的事情推想，當時也該是這樣的了！」

曹操立即大爲尷尬，既是被戲弄，也是被羞辱。

第二是孔融曾上過一篇〈宜准古王畿之制〉的表文，主張京城周圍千里之內都應歸朝廷直接管轄，不應有王侯封地。而當時曹操武平侯的封地屬陳郡，離許都才三百里左右。孔融的目的在於擴大漢室實權，限制曹操的勢力發展。並且曹操還得把自己的封地遷到邊遠的地方去享受食邑了。對此，曹操自然也十分惱火。只是孔融此議頗富心計，也很實在。如果孔融總是這樣有心計，有見地，也許不會被曹操所害。

但孔融到底太書生氣，言語太率意。

一次，他竟非議曹操遠征烏桓，是追逐蠅頭小利。曹操固然有許多不是的地方，但作爲一方霸主，在戰略上無疑是對的。

戰爭就是消費，尤其軍隊吃糧。爲此曹操大興屯田，還明令禁酒。孔融又一再上書反對，曹操向他解釋，孔融不聽，反倒說出不少侮慢曹操的言辭來。

破浮華交會之徒

孤為人臣，進不能風化海內，退不能建德和人。然撫養戰士，殺身為國，破浮華交會之徒，計有餘矣。

曹操欲殺孔融由來已久，孔融自己也因小失大。曹操不殺孔融是猶豫他的名氣，怕殺了孔融被天下人指責。但曹操實際知會過孔融，他給孔融的信上說：

孤為人臣，進不能風化海內，退不能建德和人。然撫養戰士，殺身為國，破浮華交會之徒，計有餘矣。

這話的意思是談他曹操作爲總攬朝政的人，於天下人民，他無能進行教化；於自己一身，也不能施恩德，讓人們和睦團結。不過，若是說打擊那些夸夸其談，交結捅漏子的人，那辦法可是多得用不完的。

孔融肯定是聞到某種氣息，有所收斂。但建安十三年，孔融又當著孫權使者的面批評曹操，還要曹操不對荊州用兵，讓劉表自動來投。當此事業發展關鍵時刻，對外要同心同力，在內要步調一致，於是，曹操再也不能容忍孔融了。他果斷地起用孔融的仇人郗慮爲御史大夫，爲孔融羅織了諸般罪行。所謂「招合徒衆，欲規不軌」、「謗訕朝廷」、「大逆不道」等等，郗慮建議：宜極重誅。

郗慮的表章送上，曹操立即下令將孔融處死。自然，郗慮不過是曹操的一桿槍，但也見出曹操權詐進退之術。

孔融無罪而誅，朝野震動很大，許多人爲孔融鳴不平，一時對曹操壓力很大，曹操下令公布孔融罪：說世人被孔融名氣迷惑，沒看他破壞社會風俗；說孔融違天反道，敗倫亂理，即便殺也是殺晚了，沒有不該殺的。

其實曹操玩的都是政治花招，孔融實際是很講孝道的一個人。不過曹操在第二次令文卻沒再提孔融「圖謀不軌」。因爲孔融除了才名，就只一張嘴了，一點倔強性格，說他「招合徒衆，欲規不軌」，曹操大概也認爲對衆矇混不過去，倒不如說孔融敗倫不孝更好說些。因爲說孔融不孝，看如罪輕，但東漢重視以孝治天下，在家孝父母，在國則忠君王。於是不孝就意味著不忠，不忠也就必然「圖謀不軌」，這樣，曹操的刀子反倒紮得更深。本來，孔融以孝著稱，曹操偏偏以孝道刀子殺害孔融，這於孔融實在也是「以其人之道還治其身」。如此看來，世上的話兒只要想說，怎麼說都說得通。

當然，曹操如此做，也實在太偏狹了些，太狠毒了些，並且連孔融的一男一女兩個孩子也殺了，就更見過分了。只是孔融這一邊禍從口出，大抵也體現了書生們的一種通病，說得多，做得少，或者乾脆就只圖個嘴快活，因此開罪於人，喪家失命，實在也是划不來的。再說才名，也可要可不要。孔融大約也是爲才名而多口舌，又因多口舌而遭禍殃。於是，金玉其外的書生，眞還不如沈默是金的啞巴。孔融的教訓於人可謂極其慘痛！

然而，孔融也眞是天下奇才，這也値得一說。他任青州刺史和袁譚打仗，被打得大敗，只剩下幾百士兵，箭如雨下，他仍能安坐讀書，談笑自若。不知孔融此時心態究竟何如，是故作灑脫，還是不知死活，或是看破人生大限？眞叫人不得而知。

不僅孔融如此，他的兒女也特別奇怪。孔融被抓，他的一兒一女，兒九歲，女七歲，當時正在下棋，竟然不驚懼，仍然端坐不動，有人問他們：

「你父親被抓，爲什麼不起身呢？」

兩個小孩回答：「哪裡見過覆巢有完卵呢？」意思是躲不過這一劫的。也許兩個孩子太聰穎，又遭來曹操的毒手。

不過孔融有君子之風，當面指責人，背後說人好話，也獎掖了許多人才，所以名重天下。只是他交結的人物，俱爲「清議」一流，並無治世實能，這樣「清議」出格惹來殺身之禍，實在可惜。

曹操與禰衡

高世之才，必有遺俗之累，非聰明睿智不惑之主，不能全其用。

曹操說「破浮華交會之徒，計有餘矣」，骨子裡是霸道權術，是威權殺伐之氣，是胸中不能容物的個性表現。

但曹操到底是有總攬英雄，左右時局才具的人，若說他對他打擊的對象全無含糊，也不符實際。首先，他很看重人才，比如文臣謀士，比如武將勇士，他都特別能容納、重用。像他對呂布、張遼、陳宮、沮授、審配這些人，雖然這些人或死或生，但他心底對其人都有敬愛之情。再者，他要成就大業，也必須借助一些人的才名，像對孔融等，這是政治的需要。

那麼這樣說，曹操對人才，無論他是否能用，他有幾種心態都是值得肯定的，即：敬愛、借重、忍讓、迴避。在這諸多心態裡，骨子裡仍是用霸術兼糅王道，說白一點是，有些對頭人他能不殺的儘量不殺，像對禰衡，對楊修，就頗見他玩弄霸術王道的所謂「計有餘矣」之情態。

可以說，禰衡、楊修於三國時期都是頗為出色的人物。先說禰衡。

禰衡有文才自不必說，至今武漢尚有鸚鵡洲，即是見證，因得名於他的〈鸚鵡賦〉。但禰衡有自絕於人世的孤傲，這是其致命的弱點。

曹操遷獻帝定都許都，他也來投。當時許都可謂人才濟濟，但袞袞諸公他幾乎沒有看得上的。他鄙視陳群、司馬朗為屠夫與賣酒郎，他說荀彧不過臉蛋長得好，可以借用來吊喪，趙稚長只可讓他去監廚請客。他似乎看得起孔融、楊修，但也只戲稱爲「大兒」「小兒」。

因爲孔融特別推重禰衡，因而曹操對禰衡也很神往，便想見見面。可禰衡卻推說有病，不見曹操，還在背後譏諷曹操，曹操知道了便不高興。因爲禰衡有才名，曹操也不發作。

自然，曹操也有個不肯省事兒的性格。他聽說禰衡會擊鼓，就召禰衡爲鼓吏，並大會賓客，請禰衡擊鼓助興。這實際是想羞辱禰衡，讓禰衡知道點厲害。禰衡當然心裡也清楚。宴會時他從容地走到鼓前，精妙地擊了一曲，按當時說法叫「一通」。擊鼓的規矩是一通之後，應脫下舊衣換上特製的新衣。禰衡開始不換，由於有關人員的斥責，他就走到曹操面前，把衣服一件件脫下，直到一絲不掛站在曹操面前，再又慢慢穿上衣服，臉上泰然自若。這時曹操便無地自容，只好故作瀟灑地哈哈大笑，自己給自己找梯子下台，對衆人說：

「我本來想羞辱禰衡，不料反被他羞辱了！」

因爲孔融是曹、禰的介紹人，這樣一來，孔融就不好向曹操交代了。他又要禰衡給曹操道歉，禰衡也答應了，曹操也很高興，並叫看門的人，說禰衡一來立即通報。可是曹操從上午一直等到下午，禰衡才來。但禰衡來不是向曹操道歉，而只手拿三尺木杖，在大營門口，以杖擊起，大罵曹操。這一下曹操就火了，對孔融說：

「禰衡這小子，太不識相！我要殺他，不過如殺一隻麻雀、老鼠。只是想到他有些虛名，才不殺他，怕別人認爲曹操無容人度量。現在我且把他送到劉表處，看他如何！」

果然，禰衡至劉表處，與劉表合作不好，劉表也學曹操的榜樣，將禰衡送到江夏黃祖處，粗鄙的黃祖自然沒有曹公那麼多心計，一次禰衡出言不遜，他就把禰衡殺了。

禰衡回荊州臨行還有一小插曲，有幾個朋友給他餞行，可禰衡又遲到了。幾個人便商量報復禰衡一下，見禰衡平時坐著不起身，讓他知點趣。可禰衡一到，見如此這般光景，立即一屁股塌在地上放聲大哭。這一下倒弄得大家胡塗了，禰衡回答說：

「坐著的是墳堆，躺下的是屍體，我夾在墳堆與死屍之間能不傷心嗎！」

大家沒趣，只得都站了起來。

禰衡被殺，似乎不能怪曹操，倒是還見出曹操涵養尙佳。只是爲什麼一些「清議」人物如此反感曹操呢，如此要和曹操過不去呢？這倒要從曹操身上找原因。

至於禰衡的下場，倒是叫人思量不透。是否如此人物，在如此亂世，他就一定要以生命來伸張一點什麼呢？那又有何用？或者，如後來人說，「高世之才，必有遺俗之累，非聰明睿智不惑之主，不能全其用」。但遺俗也有分寸啊，倘目空一切，那出門問路人也沒一個，豈不悲哉！也許禰衡並非那種「高世」「治理」之才，於是，他也不可避免地死在曹操的圈套裡！

用霸術兼糅王道（下）

孟子曰：「……爭地以戰，殺人盈野，爭城之戰，殺人盈城。此所謂率土地而食人肉，罪不容死。故善戰者服上刑，連諸侯者次之，辟草萊任土地者次之。」

——《孟子·離婁上》

阿黨比周，先聖所疾也。聞冀州俗，父子異部，更相毀譽。昔直不疑無兄，世人謂之盜嫂；第五伯魚三娶孤女，謂之撾婦翁；王鳳擅權，谷永比之申伯；王商忠義，張匡謂之左道；此皆以白為黑，欺天罔君者也。吾欲整齊風俗，四者不除，吾以為羞。

——曹操〈整齊風俗令〉

這一章談的仍是曹操行王霸的情景。

戎馬一生，手握重權，又處亂世，因之王霸之道對曹操來講太重要了。從一定的意義上說，曹操的一生就是行王霸二道的一生，尤其於霸道曹操似乎更鍾情些。

作爲三國時期中國北方的實際統治者，雖然也下達過幾道推行王道的政令，如〈修學令〉〈抑兼併令〉〈禮讓令〉〈清時令〉〈整齊風俗令〉等，但這些王道願望與舉措，與緊張的三國爭戰、與絲毫鬆懈不得的朝廷內部的爭權奪利，究竟讓曹操想得到卻常顧不上，所以與其一生事業似不重要。也因此故，在定都許都以後，尤其在赤壁之戰慘敗後，曹操在內政上更多的是用霸術經營自己在北方的霸主地位。當然，於曹操這也就是鞏固根本，要眞正鞏固根本，他還須把關中的事情辦好——

定關中之策

奪取關中，必須是王霸兩手並用，一求師出有名，二求日後南征無後顧之憂。

當曹操一個個掃蕩了北方的敵人後，如呂布、袁紹、烏桓、黃巾義軍等，他的戰略目標就是向南爭天下，也就是征服東吳與西蜀。但赤壁一戰，曹操認識到南征不易。並且即便南征，關中馬超、韓遂等始終是後患。

其實，曹操對關中一直頗為用心，甚至對關中諸將一直比對劉表、孫權還認眞。因為在建安初年，劉表忙於征服南邊的戰事，孫權年幼，剛登位，還來不及有什麼大舉動；再劉表即便想對曹操怎麼樣也是猶猶豫豫，做不出什麼舉動。關中諸將不同，他們有兵有將，雖無大志向，但擁兵自重也無憂患，於是也就輕於行動。只要他們想壞曹操的事，揮師東進，那曹操就麻煩了。

所以曹操在攻呂布、戰袁紹、征袁術的同時，總要把關中的事情安排得叫自己放心了，才大軍起程。也就是赤壁之戰以前對關中諸將大體爭取的是安撫、籠絡的策略，這與曹操用鍾繇督率關中諸軍，用人得當大有關係，當然更得益於挾天子以令諸侯的地位。

但儘管如此，關中馬、韓諸人是口服心不服，這一點曹操心中有數。所以赤壁之戰後，奪取關中，就成爲曹操統一北方的最後一戰，也是南征無後顧之憂的必要條件。

奪取關中，必須是王霸兩手並用，也就是師出有名也有理。因爲馬騰、馬超、韓遂等都接受了朝廷的任命，並且在建安十三年馬騰已攜家人到朝廷任職，僅留馬超在關中督率軍馬。韓遂在第二年也把兒子送到鄴城。如此對他們用兵，以中央而攻地方，實乃豺虎之行。這是說不過去的。

第二是要拆散馬韓聯盟。在關中諸將中，馬超、韓遂實力最大，而馬騰與韓遂是把兄弟，雖有前嫌，但後來和好，私誼甚深，且爲生存，共同對敵，相投就更深了。所以務必分化他們，以便各個擊破。

在解決第二個問題時，曹操實施的辦法是：拉攏韓遂，孤立馬超。曹操給韓遂寫了封信，討好韓遂說：「將軍從前反叛朝廷，那是有人逼迫您，您沒辦法才這樣做，這一點我明白。現在國家如此，希望您早來朝廷；我們共同匡扶漢室。」曹操眞實目的是想把韓遂弄到朝中控制起來，就像對待已在京中的馬騰。對曹操的邀請和誘惑，韓遂很矛盾，結果就是上面說的，把兒子送到鄴城，實際做了曹操的人質。

無故進攻人家，還要出師有名，頗叫曹操煞費苦心。就在這時，鍾繇給曹操出了個主意，請兵三千，以討伐漢中張魯爲名進入關中。曹操立即從鍾繇的提議中看到自己需要的東西，立即請荀彧徵求衛覬的意見。

衛覬說出一番道理：關中諸將，本無大志，封官得爵，已經心安。如果大軍進軍關中，說是征討張魯，而張魯還遠在漢中，關中諸將必然疑心丞相是征討他們的，那局面就不好收拾了。

曹操對衛覬所分析的點頭稱是，然而這正是他需要的、期待出現的局面。因爲大軍進入關中，無論馬超等行動不行動，對曹操都是有利的。馬超等按兵不動，說明他們信服丞相的軍事安排，關中無敵人，當然是好事。如果馬超等舉兵反叛，正好出師平叛，奪取關中，使整個中國北方完成一統，日後南征便無後顧之憂。曹操此一策略可謂一箭雙鵰，左右逢源。

軍備的、道義的、心理的，各方面準備好了，建安十六年（公元二一一）曹操便正式派鍾繇率軍西進，同時又令夏侯淵等將從河東郡率衆出發，前去與鍾繇會合。

關中諸將很快得知鍾繇大軍西進關中的消息，馬超積極活動，韓遂也不以在朝爲人質的兒子爲念，立即與馬超聯合，一時關中十路人馬群起響應，十萬大軍日夜兼程開赴潼關，以抵御曹軍西進關中。

到七月份，曹操安排鄴下和朝中的事務，即親赴潼關前線，很快取得渭南大捷。後來馬超兵敗，南投張魯，最後歸順劉備。韓遂兵敗逃回金城（今甘肅蘭州西北），後來被部將所殺。關中的事情也就這樣被曹操經營下來了。

忠臣情結

齊桓、晉文所以垂稱至今日者，以其兵勢廣大，猶能奉事周室也。

在掃滅群雄的兼併戰爭中，曹操漸漸統一中國北方，在經營曹氏統治班底時，一個個掃除異己，而他自己也一步步走向權力的頂峰，成爲漢末實際上的皇帝。然而，他始終是沒做皇帝。

關於曹操集權又不做皇帝，大體反映了曹操用霸術兼用王道時的清醒、明智與踏實，個中也反映了他熱衷於權力，看重實利。而且由於他的個性，敢作敢爲，也確實使出渾身解數大有作爲，如此，他的怨主、對頭也多。這種情況也決定他一旦抓到權柄，就會緊緊地攥到手裡，至死不放下。這一是保全自身，二是威重天下，三則是功名富貴的滿足。

關於這一點，與曹操同時代的有兩個人物可以比較，一是諸葛亮，一是袁術。

諸葛亮是道家人物，劉備三顧草廬方出山，他奉行的是「功成名遂身退天之道」。也就是說諸葛亮是為著幫劉備的忙而出山的，因此，他個人不圖權位，因而治軍施政從來不做過頭事。所謂「諸葛一生唯謹慎」。曹操卻截然相反，他所有縝密的心術、凌厲的手段都是為了權與利。這就是曹操在人格上沒法兒和諸葛亮比的原因之一，也就是曹操過分霸道。

袁術其人既無才又無德，只是仰仗四世三公的家門才割據一方。他只知道秦失其鹿，天下共逐之，高才捷足可先登。但他忘了自己的能耐究竟有多大，還忘了天下還有多少英雄，尤其忘了他自己還是漢家臣子。因此，他狂悖到稱帝自重，這就注定他要敗亡。

曹操卻不同，他雖用霸術王道，並且這兩者他都受到人們的指責，霸術用得太濫太過，王道又顯得奸僞，他本人也被斥為「漢賊」。但從他的一系列作為看，他始終明白，他是漢家臣子。不僅如此，作為一代高明之士，無論他多麼急功重利，他心頭總有一團解不開的忠臣情結。儘管具忠誠的內含究竟為何物，但忠臣這一作為人臣的第一要素，他始終不敢丟棄，乃至忘記。這一點在下面這一段話頗見其人心跡。他說：

……齊桓、晉文所以垂稱至今日者，以其兵勢廣大，猶能奉事周室也。《論語》云：「三分天下有其二，以服事殷，周之德可謂至德矣。」夫能以大事小也。……恬曰：「自吾先人及至子孫，積信於秦三世矣。今臣將兵三十餘萬，其勢足以背叛，然自知必死而守義者，不敢辱先人之教以忘先王也。」孤每讀此二人書，未嘗不愴然流涕也。孤祖、父以至孤身，皆當親重之任，可謂見信者矣，以及子桓（曹丕的字——引者注）兄弟，過於三世矣。孤非徒對諸君說此也，常以語妻妾，皆令深知此意……。

——〈讓縣自明本志令〉

這一段話裡，曹操提到一連串歷史人物，齊桓公、晉文公，因為有強大的軍事力量，他們才能號令諸侯奉事衰弱的周室。周文王佔有三分之二的天下，仍勤謹稱臣。這裡曹操回答了自己擁兵掌權的必要。

尤其使曹操動情的是蒙恬的遭遇。蒙恬是秦始皇的愛將。秦始皇死，趙高亂政，唆使秦二世胡亥賜蒙恬自刎。蒙恬當時擁兵三十餘萬，足可以負志氣而獨立，但為報答泰朝對蒙家的三世知遇之恩，蒙恬接受了胡亥的指示。

曹操此中意思很明白，他也是具有蒙恬那樣忍辱負重之忠心的人。因為他曹家自祖、父及至他的兒子曹丕等人，受漢朝皇恩已過三世，他能忘記嗎？正因為有此心思，有此情結，所以他始終力圖在漢家門庭裡扮演好一個忠臣的角色，從頭到尾都期望在天下人面前豎立起一個治亂有成的良臣的形象。因此，當孫權勸他稱帝時，他即一針見血地指出：這小子是想把我放到爐火上烤。爐火是什麼？民心也，道義也。

所以他做了魏王後，人家勸他取代漢獻帝，他坦率地說「若天命在吾，吾為周文王矣」。

這就是我為什麼說曹操集權又不當皇帝，反映他的明智與清醒。在這一點，在心理上、見識上曹操是沒有矛盾的，要有的只是行為邏輯上的悖論。本來，社會人生充滿矛盾，而一個處於權力漩渦，利害漩渦的人，就會遇到更多的矛盾，文化心理的、倫理道德的、權利地位的、名聲道義的、行為分寸的。

在這衆多的矛盾交織點上，曹操可以說處理好了集權而不當皇帝，不做天下衆矢之的矛盾。但仍有很多矛盾沒處理好，並且也使曹操其人一生蓋棺之後，成爲中國歷史引起矛盾爭議最大的人物之一。關於這一點，本書別的章節將繼續探究。

不過，歷史記載曹操的集權進程，正如一串腳印明明白白擺在人們面前，讓後來人淸淸楚楚地看到他用霸術王道的若干眞諦。

控制中央朝廷

「奉天子以令不臣」，是曹操一生乃至其用霸術的最突出的特點，也是他集權而成為事實上的皇帝的基礎、背景與手段。

曹操控制中央朝廷大約經歷了以下若干步驟：

1. 奉天子以令不臣。主要以戰爭的手段掃滅群雄，開疆拓土，以武力威懾朝野。

2.削弱劉氏王朝。

3.以自己的全班人馬控制中央政府。

4.確立魏國事實上的中央帝國的地位。

關於奉天子以令不臣，可以說是曹操一生乃至其用霸王之術的最突出的特點，也是他集權而成爲事實上的皇帝的基礎、背景與手段，因爲貫串其一生，我們談曹操也幾乎無處不與此有關，因此這裡我且點到爲止。那麼重要的就是以下三個步驟。

首先是控制中央朝廷。其實，在曹操把獻帝迎進許都時，他已控制了朝廷。只是當時尙有漢朝的舊臣，且曹操自己的勢力也不大，因而對內控制不甚完全，對外也須妥協，比如把大將軍讓給袁紹。但實際的控制力是既切實，程度又日益徹底的。

建安元年，曹操雖讓出了大將軍職務，任驃騎將軍，但實際仍然總攬朝政，「錄尙書事」。因爲東漢制度，尙書台爲事實上的宰相府。那就是說曹操自將獻帝接到身邊，他就是事實上的宰相。當他不在的時候，這一職能就由他的主要謀士尚書令荀彧行使。

隨著戰場上的節節勝利，曹操也就覺得必要更嚴密的控制朝廷，以便自己更能言出法隨，令行禁止。於是，建安十三年，曹操以獻帝名義廢除三公職位，設丞相和御史大夫。這在體制上是恢復西漢做法。丞相爲皇帝手下第一大臣，總理全國軍政大事，御史大夫爲丞相副手。武帝以後，丞相府和御史府的實權轉到尚書台，東漢朝廷體制即無丞相、御史大夫，實權在大將軍手中。東漢又設太尉、司徒、司空，合稱三空，實爲閒官並無實權。曹操恢復丞相一職，獻帝又命他任丞相，而不是當初被袁紹要去的大將軍。這表明曹操要把朝廷大權從名到實完全控制在手中，並且在無形中拋棄了那個令他不快的「大將軍」的名號。當然，從這以後，尤其是南北朝時期，朝廷每設丞相，大抵不是權臣自命，亦即皇帝不得不任之，因之當時丞相一出現即爲改朝換代的信號。這也見出曹操的影響了。

與自己任丞相一職配套，曹操建立起自己的丞相府工作班子，分別以崔琰爲丞相西曹掾，主管丞相府內官員任免事宜；以毛玠爲丞相東曹掾，主管二千石以下政府和軍隊中官員的升降事務，以司馬朗爲主簿，猶如後來的國務院秘書長，以盧毓爲法曹議法令，主管政法刑律事宜，征司馬懿爲文學掾，主管選拔人才等事務。

到建安十五年，又任曹丕爲五官中郎將，爲丞相副，也同丞相府一樣，建立完整的工作班子。

這一步步，看起來只是形式的，體制上的演變與人事的必要安排。但政治上的所有形式、體制、人事安排，都必然是圍繞權利佔有而進行的。這樣，於這一步步安排中，可以看出曹操爲集權，爲鞏固政權並使之長治久安的深遠用意。

建立國上之國

曹操為求控制朝廷，確立魏國為實際上的中央帝國地位，其重要的舉措便是建立國上之國。

曹操控制朝廷，一更爲重要的舉措就是建立國上之國，而不僅僅是作爲王侯封國的國中之國。這就是確立魏國的實際上的中央帝國地位。因爲曹操是魏王，那就是曹操事實上是天下之主。並且這一舉措在曹操日益嚴密控制中央朝廷的過程中，也隨之完成。

在建立國上之國的過程中，第一步是在消滅袁紹的河北勢力後，曹操就將冀、青、幽、幷四州完全控制在自己手裡。獻帝任他爲冀州牧，他就在鄴城建立起自己的霸府。

第二步是建安十八年正月，獻帝下詔把天下十四州後合併爲九州。十四州即司、豫、兗、徐、荊、揚、益、涼、雍、幷、冀、幽、青、交十四州。其合併法爲，幽幷二州合入冀州，司涼二州併入涼州，又把交州各一部分別併入荊、益二州。這一合併眞正壯大了的是冀州，而曹操爲冀州牧，實力便因之大大增強。在此基礎上，曹操又進一步紮實經營。

五月，獻帝冊封曹操爲魏公，並加九錫，魏國設置丞相以下群臣百官，也就是說這時曹操就只差個皇帝的頭銜了。進封魏國公加九錫爲曹操求之不得，早一年因荀彧反對，曹操將荀彧逼死，不再有人敢反對，曹操自然做做推讓的姿態，如上〈讓九錫表〉〈辭九錫令〉，群臣自然一起勸進，曹操這樣方情到理到地接受。

七月在魏國鄴城建立魏國社稷，即帝王祭祀土神、穀神的場所，又建魏國公宗廟，相應改制朝會宴殯禮樂。曹操又授意獻帝娶其三位女兒曹憲、曹節、曹華爲貴人，一年後，曹節爲皇后。這自然也是曹操控制、監視獻帝的一種策略。儘管後來有些事與願違，曹操去世，曹丕逼獻帝讓位，第一個反對和詛咒的就是曹節。

十一月，魏國開始設置尚書令、侍中和六卿。曹操自己循西漢制做丞相，而在自己魏國中又遵東漢制設置尚書令，這意味是極其深刻的。

建安十九年正月，曹操首次舉行耕種籍田的儀式。籍田即天子與諸侯徵民力所耕種的田。此舉表明曹操重農守本之志，同時表明魏的分封國地位確立。到此，可看作曹操建國計畫第三步的完成。

三月，獻帝把曹操的地位提高到諸侯王之上。曹操此時還不是王，已開始享受王的待遇。

建安二十一年五月，曹操正式進封魏王。曹操照例三次上書辭讓，獻帝依舊三番不許，這樣曹操又照舊體體面面地領受。而整個從丞相到魏公、魏王這一過程中，曹操始終兼任冀州牧，這是至爲重要的實權。

曹操晉封魏王，朝野響震，邊塞驚恐，少數民族首領紛紛前來朝賀。曹操得意不忘形，趁機加緊對烏桓、南匈奴的影響與控制。

建安二十二年四月，獻帝令曹操設置唯天子才可使用的旌旗，出入儀仗警戒俱照天子規格進行。

十月，獻帝令曹操像皇帝一樣頭戴懸垂十二根玉串的平天冠，坐金根車，套六馬，設五時副馬，以曹丕爲魏國太子。

到此，曹操用霸術並用王道所有的實力目的都已達到。如果說其人生尚有欠缺，則一是沒有皇帝名號，但他實際手上卻攥著一個皇帝。二是尚未統一天下。也正因此，他還得認認眞眞地做下去。

打擊劉漢集團

曹操以至高無上的威權，不斷打擊、削弱劉漢王朝，然而又處處打著忠君愛國的旗號。

奉天子以令不臣，不僅是曹操霸術王道的特點，同時奉天子又以王道來折磨皇帝，這也幾乎是曹操前無古人，後啓來者的做法。這就是曹操以至高無上的威權，不斷打擊、削弱劉漢王朝，然而又處處打著忠君愛國的旗號。

曹操打擊、削弱漢王朝，大抵作了三個方面的事情：

1. 削除劉姓藩王。建安十一年，曹操下令削除齊王、北海王、阜陵王、下邳王、常山王、甘陵王、濟陰王、平原王的封國。過十一年又取消琅玡王國，並處死琅玡王劉熙。削除劉姓王國，即意味著削弱劉姓王朝實力，進一步孤立漢獻帝。在建安十七年曹操雖封了幾個劉姓王，那實際是爲自己當王作舖墊，所謂「將欲奪之，必先予之」。

2.不斷尋釁處死獻帝身邊的人，使獻帝成爲眞正的「孤家寡人」，和永遠不得宣判的囚徒。曹操這樣做，完全像一隻抓著老鼠的貓，他不吃掉老鼠，也不放掉他。只是獻帝不是鼠，曹操也不是貓，他們都是人。爭權奪利，是人性的優點，也是人性的弱點，有所表現可以理解。但曹操做得太過、太絕，不僅失去人臣之節，也失去做人之道，這是應當受到譴責的。

略說幾件事即見曹操的作法了。

曹操以保護獻帝的名義，派七百精兵常年守衛皇宮。這些兵士全是曹操用心挑選，特別屬意的親朋故舊，他們實際執行著監視獻帝的使命。就是這些人的監視，趙彥僅僅出於同情，和獻帝談了些有關時局的話，很快被曹操設罪處死。殺趙彥當然只是殺獻帝身邊人的開頭，開了頭就接二連三。這情景使獻帝非常害怕，逼得獻帝不得不對曹操：

「卿倘能輔佐我，就望對我厚道些；要是不願，就請開恩放了我！」

對於曹操的控制，獻帝也是盡力尋機反抗的。建安四年他發出了衣帶詔，就是把詔書夾藏在衣帶中，請其丈人車騎將軍董承聯合忠君力量，誅殺曹操。可是這事情敗露了。董承被殺三族，其女兒董貴人正懷身孕，一任獻帝之求，曹操還是把她殺了。

與「衣帶詔」相似，跨一年，獻帝的伏皇后給其父親屯騎校尉伏完寫了一封信，極寫曹操殘暴，要伏完設計滅曹。伏完當然不能滅曹，但十幾年後伏完去世，此事傳出去了。曹操搜到了那封信，立即下〈策收伏后〉詔令，將躲在夾牆中的伏后拖出，置於暴室，幽閉而死。何謂「幽閉」而死，據說是猛擊女子陰部，使子宮脫落，墜於陰道，堵塞陰戶而死。

曹操無所不用其極的手段打擊獻帝及其王室的反抗，哪怕是一點苗頭，極其微弱，曹操都如臨大敵一般待之。他做得如此堅決，心如鐵石，但他又決不想背上壞名聲。不僅如此，正如前面說的，他還儘量把自己打扮成一個忠良臣子的模樣。

比如他在〈策收伏后令〉說伏后，既無高貴出身，又無德貌才情。不僅如此，還包藏禍心，陰懷妒害。這樣的女人如何承命，奉祖宗，母儀天下！好像曹操處置伏后，完全是爲了獻帝的天下。

像他在本書重複提到的〈讓縣自明本志令〉中一再以先賢自況，如齊桓、晉文、樂毅、蒙恬等。並說「所以勤勤懇懇敘心腹者，見周公有《金縢》之書以自明，恐人不信之故。」

《金縢》是一個忠君殉道的故事。周武王病，周公作禱辭請以自己代武王死。事後，周公把禱辭放在金縢（用金屬封國）的櫃子裡。武王死後，周公攝政，有傳周公要篡位，周公避東都三年。後來成王看到了櫃子裡的禱辭，方知周公一片忠誠，就把周公從東都接回。

曹操如此宣揚自己的王道忠仁，實際效果如何，人皆知之。但其人施暴行之時，一刻不忘粉飾自己，並藉助其文采才情，說得尤其動人，關於這，曹操的奸巧、僞善是明確的。但如此之外，除了照顧實利，攫取虛名，還有沒有屬於曹操其人的獨特的東西呢？回答應是肯定的，我們且待後面再說。

掃滅擁漢派

曹操殺荀彧，求達到自己的目的，「帷才是舉」至此僅為帷舉為我所用、順我心意的人才。

曹操東征西討，經營四方，不僅霸業盛大，而且也網羅了衆多的人才。由於曹操的事業名義上是漢家的事業，曹操本人也是漢臣，所以對於追隨曹操的有些人才，甚至說相當多的人才忠於漢朝，挽救危亡，旣是他們的指導思想，也是他們跟曹操合作，追隨曹操的目的。

但隨著曹操力量不斷壯大，曹操的所作所爲，日益顯出倒行逆施的面目，這些忠於漢室的人與曹操的矛盾也就日益明朗、尖銳。以曹操的個性和心胸，與熱衷於霸業的目的，只要他發現端倪，他是絕不能容忍的，也決不心慈手軟。在這觸及其根本利益的地方，他依然如當初對呂伯奢一家一樣，「寧我負人，毋人負我」，而且表現出強烈的態度：順我者昌，逆我者亡。所以從建安初年始，他便開始了不斷清洗擁漢派的行動。像迎獻帝至許縣開始，他用獻帝名義殺侍中台崇，尙書馮碩等。

後來，因太尉楊彪一個無所謂的眼色，他把楊彪抓起，下獄欲處死，靠了孔融憤然抗議方作罷。害得揚彪後來爲保全身家性命，竟十年閉門不出。但孔融救了楊彪，卻救不了自己。而楊彪逃脫了曹操的利刃，他的兒子楊修卻做了曹操刀下鬼。雖然楊修之死與擁漢事體並無關係，但從曹操其人心理情緒，甚至楊修本人的心理情緒，不能說沒有這方面因由。

還有董承、金禕、耿紀等一起起清洗、鎭壓的事件。

但在這方面最見曹操態度酷烈的還是對待荀彧和崔琰。

荀彧，無論從地位、聲望與曹操的關係，和爲曹操所作的貢獻上，曹操若稍有仁和、寬讓之心，都不能輕動荀彧。

因爲對曹操霸業，荀彧可謂第一謀士。像官渡之戰，讓曹操在困難中堅持，在堅持中等待滅袁時機，使曹操不僅把握住了滅袁的機會，而且從天時、地利、人和諸多方面明白怎樣打垮袁紹。並且曹操不斷出征，荀彧總有運籌帷幄決勝千里之奇策，又有坐鎮京都，爲曹操安定後方的大功。

而且荀彧身居朝廷，爲尙書令，按職分曹操無權制裁。這一點荀彧與劉曄、賈詡等人是有區別的。但終於由於他忠於漢室，曹操就不能容忍他的存在了。

曹操對荀彧的反感、厭惡，明確於建安十七年，他欲封魏國公，加九錫，秘密徵求荀彧意見，荀彧明確表態說：

「曹公起兵的目的，是爲了安定國家，匡扶漢室，對聖上有的是一片赤誠。君子愛人以德，我們不能這樣做。」

曹操是派董昭去徵求意見的，董昭把荀彧的意見回稟曹操，曹操自然十分惱火。這事情也許使曹操想起建安九年荀彧否定曹操恢復九州的動議。因當時天下爲十四州，曹操佔冀州，欲撤十四爲九，冀州便首先在擴大的考慮中。荀彧當時是說，天下未定，人心不穩，不可轉動引出亂子。這好像是爲曹操安定天下，而實際未必不是抑制曹操勢力膨脹。

大概意識到對於自己奪天下，荀彧只會做於漢家有益的事。於是曹操對荀彧的態度也便完全變了。後來，曹操南征孫權，上表請荀彧代表朝廷到南方勞軍，等荀彧到了曹操駐紮地譙縣，曹操便把荀彧控制起來。沒多少日子，曹操進軍濡須（故址在今安徽無爲縣境），留荀彧於壽春。某日，曹操派人給荀彧送去一個食品盒，荀彧打開看時，是個空盒。荀彧明白了曹操的意思，即服藥自殺，死時只有五十歲。

據《獻帝春秋》記載，荀彧與伏后謀曹操也有牽連。也就是說荀彧和曹操既合作，又目的完全不同。荀彧是指望匡復漢室，曹操當初也是以此號召英雄，後來就完全走向反面了，而當他發現荀彧的忠於漢室的傾向，便斷然制裁了。

荀彧死，獻帝幾乎絕望，悲痛不可言表，並且在士人中也引起巨大反響。因爲荀彧名重天下，許多人以爲楷模，鍾繇甚至認爲他是王道的化身，認爲孔門自顏回去世後，能以高尚德操，不二過、不遷怒的人就只有荀彧了。可見荀彧之影響了。但不管怎樣，曹操卻必須達到自己的目的。他的「惟才是舉」只不過是舉爲我所用，順我心意的人才。否則，越是人才，越有才能，越不能容忍，甚至也不管他當初爲他立了多大功，幫了多大忙，都會忽略不計。

從這看出，曹操雖盡力標榜自己的王道仁心，而眞正的仁愛之心在功利面究竟存在幾許?

歷史常常無是非

治國用兵者——

人是人的目的，人是人的手段，手段因目的而崇高，其目的常是無是非。

從以上看出，曹操的王霸之術最突出的特點是務實、逼狹、殘酷、奸僞。在前面說過，王霸二道生於人心，自古有之，曹操作爲一代霸主繼往開來，用此道法無可厚非。

然而，道法有度，人見善惡，這其中還應是有講究的。講究，對於操作的人，身在其中的人，就有一個把握的問題。在這把握裡，即見其人心地、胸襟、氣度、能耐，並因此確立其於歷史上，於人心中的地位。在這一點上，既有一種極端的功利的尺度——以成敗論英雄，又有一種看不見功利的功利尺度——不以成敗論英雄。不論成敗則又有一種更高的成敗，更難經營的成敗在其中，簡而言之——道德善惡。

就事實而言，軍政行爲的原則，即利益第一的原則。儘管它可以被人們包裝得何等的文明、美善，多麼富有溫情和眩目迷人之光采，但功利目的總是既貫注始終，並又居於中心地位的。正因這樣，治國用兵的人常常總是不擇手段去攫取功利，獲取成功。並且行爲極限總是表現爲：人是人的目的，人是人的手段，又手段因目的而崇高。

正因這樣，儒家鼓吹殺身成仁，捨生取義，這裡的「仁」「義」即儒家的政治功利，它不僅表現一種精神狀態，同時也表現一種社會秩序，並由此引出社會財富的分配原則。

正因這樣，兵家說兵不厭詐，兵行詭道，甚至如吳起，殺妻取信。

正因爲這樣，帝王家從道家的虛無中看出，無爲即無所不能爲，因而發現以變應變，以無致有的帝王術。這就是爲了利益可以無所不用其極。

正因爲這樣，爲了復國，勾踐可以爲吳王嚐糞便，以便騙取信任，可以臥薪嚐膽，激勵鬥志，喚起民衆。曹操可以挾天子以令諸侯，諸葛亮可以勸劉備奪劉表之荆州，劉備也可以撕下仁德的面紗，斷然把劉璋從益州霸主的位置上擠下來，取而代之，隋煬帝可以殺父、害兄而稱帝……。

並且，爲了利益，敵人也可以成爲朋友、手足，比如諸葛亮的聯吳抗魏方針，明確的是互相利用，以圖生存發展。倘如意，以後的前途也很明確：得人心者得天下。元末的朱元璋與其他義軍，如陳友諒也是如此。

並且，王者對於功臣的態度也是這樣，要用人才，可以榮寵一切，爲侯爲王，如劉邦之於韓信。倘一天所有的利益都得到，那麼也可以「飛鳥盡，良弓藏；狡兎死，走狗烹。」，如勾踐、劉邦、朱元璋成功後的一系列殺戮行爲。

對這所有，作爲一種人的行爲，一種事實，人們實在是無力抗拒的，任何及時的議論、批評都是徒勞的。這時人們實在只有無奈的承認：存在就是合理。誰說合理就一定存在呢？爲什麼人間常是「道高一尺，魔高一丈」呢？

如此，夫差殺伍子胥就是殺伍子胥，勾踐王殺文種就是殺文種，劉邦殺功臣就是殺功臣，曹操要挾天子以令諸侯，要殺荀彧，也只能承認事實……，如此不一而足。而如今世之「無產階級文化大革命」也只能作如是觀。

事實如上所說，軍政上的事情往往不擇手段，可以用盡一切必要手段。所以就有這樣一種歷史觀，在歷史本身的行進中，以成則爲王，敗則爲寇的眼光看之，各家各派所作所爲，無論宣傳得多麼正義、高尚，無論把對手攻擊得多麼惡劣、卑鄙、反動，但實際上是無正義、是非可言。

或者，這一歷史觀如此說：政治軍事是唯功利的，它只有行爲，這行爲無正義是非可辯，只有存在就是合理，只要它存在，它就是歷史。

這是必然，已然，但事情又遠非這樣，這就道德評價、人心向背。這就是前面說的，王霸二道古已有之，功利是第一原則，但道法有度，人見善惡。這就是說歷史的最後評價是道德人心，那就是善惡二字了。

這話怎麼說呢？

說王霸二術，曹操、劉備、諸葛亮一樣用。有人說曹操心黑手辣，劉備也好不了哪兒去。這是對的。對於政治目的，他們是一樣的，都是奪取天下。儘管他們彼此以是非相指責，並以之團結衆人。但他們的目的無是非，無所區別。

這一點還可以概括爲一普遍規律，所有的開創時代的領袖人物，無論古今，無論門派，無論主義，他們的目的無是非，因爲他們都爭正宗，爭民衆，爭人心，因而都是求正義，爲大衆的。所以他們的目的無是非。

最後只有善惡

道法有度，人見善惡。手段、方法最根本的意義即見人品善惡之區分。

剩下的就是手段、方法。手段、方法最根本的意義即見人品善惡之區分。

曹操打擊漢室，清除異己，就其霸業目的而言，無可厚非。儘管他是漢臣，他想做皇帝，他親冒矢石打得江山，如何坐不得？獻帝的祖宗劉邦可以背信棄義從項羽手中搶得天下，坐得龍椅，他爲什麼不可以也來一次除舊換新？

問題就在這裡，他想做又不做，不做比做了更陰毒、更殘忍。或者用俗話說：他當婊子又要立牌坊，這就陰險、奸僞了。這樣，他在戰場上的英雄神采，一到玩弄權術的朝廷就顯得異常暗淡，也正如他自己所說「破浮華交會之徒，計有餘矣」，或者說這方面他心計太多也用得太濫，因而他個人反而變得醜惡。

像他殺孔融不放過兩個幾歲的孩子，像他對漢室實行長期的窒息政策，像他處置伏后的手段，像他處置崔琰的出人意外，都讓人髮指。

看當時伏后被殺情景。

華歆帶兵奔東，伏后聞訊即緊閉宮，躲進夾牆。華歆也算得上是曹操式的鷹犬，華歆即命士兵打破宮門，擊破宮牆，把伏后拖出。當時獻帝正和郗慮坐在外殿，伏后在人掌中，無可掙扎，打著赤腳，披頭散髮，已經十分狼狽。她走到獻帝面前，淚如雨下，說：

「陛下，您就不能救救妾嗎？」

獻帝的回答一樣絕望——

「我自己都不知道能活到哪一天啊！」說罷，獻帝還不無悲憤地問郗慮：

「郗公，天下難道有這樣的事嗎？」

天下有沒有這樣的事，不能作否定回答，政治在某些人那兒，就是慘烈、殘酷的同義語。但只要誰這樣作了誰就注定被釘在歷史道德的十字架上，永遠被人指責。

事實上，劉備如果奪荊州也如曹操不同，後來奪益州即是。無能之主不能保守根本，終必為別人所奪。劉備不得荊州，曹操不是得了嗎？劉備要不撕下仁義的面紗，不取益州，益州未必不很快落入曹操之手。但劉備擠走劉璋卻能善待之，並無曹操摧殘漢室那種陰毒手段。這樣就見出不同了。見出為人品性的善良與惡毒了。

道德無所不在

曹操用「智」，多得奸偽、欺詐、惡毒之名，諸葛亮用「智」，卻為國人心目中忠勇智慧的化身，道德力量真是無所不在啊。

就說用智術，曹操與諸葛亮孰高下不得而知。但曹操用智，多得奸偽、欺詐、惡毒之名，而諸葛亮用智，如「隆中對」，說江東，征南方，造木牛流馬，演八陣圖，則只有善名，並因之成為國人心目中忠勇智慧的化身。乃至百年後桓溫想與諸葛亮比試，找到當年侍奉諸葛亮的百歲老人，得到的回答只能使桓溫失望：丞相在日，看也平常，丞相去世，似乎就沒人比得上他了。

曹操和代表劉備的諸葛亮的區別，也非目的不同，而只是實現目的的手段性質不同，手段體現出的人品高下不同、人格力量不同。然而，手段和目的本身又是不能截然分離的，手段不好，即使再可解釋得自圓其說的目的，都會成為衆人譴責的罪行，曹操諸多做法不是落得如此回應嗎？

所以，作為一種歷史觀、人生觀、事業觀，道德的力量是太柔弱了，善惡的判定也太無力左右事業態度，人心向背也總是如雲如水空復空。然而，它們到底存在，到底有著無即無所不在的渲染力，潤物細無聲的改變力。只是人之生命比之是如此短暫，而不死的，無能為力的善惡判官最終又不可逆轉地把握著道德判決和歷史文明之路的選擇。正因為這樣，諸葛亮能擇善而行，因而千古流芳，使「諸葛大名垂宇宙，忠臣遺像肅清高。」而曹操，任其何等英雄，但總是給人滿臉白粉的印象，這可不能完全歸咎於《三國演義》一部小說，根本還在於曹操生平許多做法。

如此，欲消除曹操式的給人們帶來的災難，一是要取消極權，人人平等，梟雄也就不得不收斂烈焰。二是要提高人之品格，需知大道無謀啊，曹操倘少找點事，豈不形象要美得多嗎！

也見相惜惺惺

對酒當歌，人生幾何？譬如朝露，去日苦多。慨當以慷，幽思難忘。何以解憂？唯有杜康。青青子衿，悠悠我心。但為君故，沈吟至今。呦呦鹿鳴，食野之苹。我有嘉賓，鼓瑟吹笙。明明如月，何時可掇？憂從中來，不可斷絕。越陌度阡，枉用相存。契闊談讌，心念舊恩。月明星稀，烏鵲南飛，繞樹三匝，何枝可依？山不厭高，海不厭深。周公吐哺，天下歸心。

——曹操〈短歌行〉

曹操倡「惟才是舉」，曹公自命「吾任天下之智力」。曹操確實總攬了三分天下的一半人才，因此能獨得中國北方，捷足先登，成一代強主。所以說，事業是人才的事業，是佔有、搜羅人才的事業。事實與道理都應如此。

而搜羅人才，佔有人才，不僅在於需要人才，看重人才，更要愛才，且還要愛有其才具的那一個有七情六慾，有許多優缺點的人。要不以貌取，不以情卻，是眞正的以一種容人的心胸，愛才的情感去獲取人才，方能眞的得到人才。所謂：惺惺惜惺惺。

所以，曹公〈短歌行〉云：「青青子衿，悠悠我心。但爲君故，沈吟至今……月明星稀，烏鵲南飛。繞樹三匝，何枝可依？山不厭高，海不厭深。」可爲其愛才之心情之自供狀，也因此感人至深。所以明人譚元春評曰：「人知曹公慘刻，不知大英雄以厚道爲意氣。」鍾惺則曰：「慘刻處慘刻，厚道處厚道，各不相妨，各不相諱，而又皆不出於假，所以爲英雄。」

鍾、譚師徒可謂由詩中數句，盡得曹公愛才之心曲。

然而，心曲究竟是心曲，事實才是眞的人之故事與人才觀，乃至個中又見一曹孟德。

千古人情送關羽

曹操愛才，惺惺相惜，最著者大約莫過於對待關羽的故事。

關羽是劉備的結義兄弟，又是劉備麾下最爲雄壯的一員大將。三國時代，世亂出英雄，在戰場上威重神武如關羽者，似是不多，能與之匹敵者，更是寥寥。且關羽其人忠義，一諾千金，矢志不渝。從關東諸侯酸棗結盟，關羽與劉備、張飛追隨公孫瓚對董卓用兵，當時關羽雖地位低下，曹操已留一印象。後來，關羽隨劉備奔走青、徐之間，又隨劉備窮途來投，那戰場上的勇武，平日裡的忠義之氣，都深深地喚起曹操的敬愛之情。

所以，在建安五年正月（公元二〇〇）曹操以突襲的方式擊破徐州，趕走劉備，困關羽於下邳孤城，竟答應關羽所謂「降漢不降曹」、「一伺知道舊主即離去」等條件，爲的就是能得關羽，使關羽能爲之用。

曹操得到關羽後，即拜爲偏將軍，平日禮遇不同常人。但關羽於曹操實只有離心，並無留意，這就是流傳千古的一句佳話「人在曹營心在漢」，這當然也是曹操所不情願的。曹操於是便叫同關羽關係甚好的張遼去問問關羽的想法。關羽便說了心裡話：

「我知曹公待我不薄，想我留下。但我受故主厚恩，曾誓同生死，這無論如何不可背棄。所以，終究不會留下。但我一定要報效曹公後方離去。」

張遼如實報告，曹操不僅沒像張遼擔心的，殺掉關羽，竟然也沒生氣，反而讚賞關羽：

「事君不忘本，眞是難得的義士啊！」

曹操又問張遼：「你估計他什麼時候會離去呢？」

張遼便將關羽的打算告訴曹操，這倒使曹操十分爲難，對關羽這份才，用之不是，不用也不是。後來，還是關羽爲曹操解了白馬之圍，斬了袁紹大將顏良。這對曹操是好事，又是壞事。因而曹操爲留住關羽，連忙表奏漢帝，封關羽爲漢壽亭侯，又厚加賞賜。

可關羽因已知劉備所在，去向已明，即封金掛印，留下一封信，詳說去意情由，就走了。

關羽的辭去，在曹操身邊引起了不小的震動，曹操的一些心腹將領非常惱火，要曹操追殺關羽，曹操卻寬容地說：

「他來得明去得白，這也是各爲其主，不用再追了！」

曹操確實沒追關羽，關羽就這麼走了。後來文學作品衍生出了曹操以禮送行，遣使千里送關牒，使關羽義者更義，使曹操愛才之情憑添十億，千古傳佳話，大白臉之外又躍然一大明主之光景，如此報償，也是應該的。

吾聞以仁孝治天下者

「吾聞以孝治天下者，不害人母。」

「吾聞擬施仁政於天下者，不殺遺孤。」

吾聞以仁孝治天下者，如何如何。這是陳宮臨刑前說話情景，意在表明自己當時心情，也可說是陳宮在人生最後時刻對曹操的希望。

而曹操對陳宮的心情更見其複雜。

陳宮有才不待言。陳宮，在曹操實施河南戰略時，局面尚未打開，地面尚狹窄，行動處處受壓制的情況下，他有爲曹操請得兗州牧的大功，使曹操不廢一兵一卒坐鎭兗州。

此功何其大也！尤其在曹操困難的時候。

可是也是這個陳宮，在曹操第二次東征陶謙時，當他得知張邈意欲發動兵變，即極力慫恿，說：

「您擁兵十萬衆，處平坦衝要之地，撫劍四顧，足可爲人中豪傑，如今卻受制於人，未免窩囊。現在曹操大軍東征，州中空虛，呂布，壯士也，英勇善戰，如果把他請來管理兗州，再伺有利之機，不是可以縱橫一時嗎？」

兵變就這麼發動了。倖得荀彧料定張邈必變，及早通知前線的曹操，才使曹操在兗州這塊根據地沒有丟失。但曹操在回軍圍攻濮陽時，槍戰不利，幾乎喪命。

此後，陳宮便一直追隨呂布與曹操作對，並不斷給呂布出謀獻策，使曹操多次軍事行動受挫，使曹操在八面受敵的處境中，陷入極不利的局面。直到曹操迎漢獻帝，定都許縣，取得奉天子以令不臣的地位，這局面才逐漸改觀。

依然是這位陳宮，爲人剛烈，一旦認定的事情，便有不可逆轉的氣節。

建安三年（公元一九八）九月，曹操發動對呂布的決戰，於下邳圍困呂布月餘，呂布感到孤城難守，便在城樓上向曹軍士兵喊話說：

「你們不要圍城了，我去向明公自首。」

陳宮卻大罵曹操——

「逆賊曹操，算什麼明公！現在去投降他，只不過以卵擊石。哪能保全性命！」

因此，在呂布陣營中，陳宮是最具抵抗到底的人之一。可惜呂布無能，終於城破被俘。

最後的時刻，曹操問陳宮：

「公台自以爲智計有餘，今天如何？」

曹操又問陳宮「今日事情奈何」。曹操此問，一則是想讓陳宮難堪，一則是想陳宮再回到自己麾下，當然也有嚇唬陳宮的意思。

依然是這位陳宮，一敗塗地也不失英雄剛烈本色。他平靜地答說：

「我作爲人臣不忠，作爲人子不孝，理應奔赴刑場就死！」

這一回答使曹操大爲失望，同時也深深喚起曹操敬重之情，當然也有陳宮爲他得兗州的舊恩情。因此，曹操似乎愈感到陳宮非死不可，不免愈想挽留陳宮。不禁又問：

「你去死，你老母如何？」

陳宮長嘆說：

「我聞以孝治天下者，不害人母。我老母死活由你定奪了，非我力能及！」

曹操又問：

「那麼你的妻兒如何？」

陳宮又答：

「我聞擬施仁政於天下者，不殺遺孤。我之妻兒也只有由你了！」

曹操無言以對。片刻，陳宮即請死，並慷慨赴刑場。曹操無奈，只得流著眼淚在後面送行。後來，曹操不忘陳宮臨終之言，養其母直至去世。養其女，直到操辦婚事。照顧陳宮家人，比陳宮在世時更周到。

此皆愛陳宮之才，更敬其人品氣節也。因之，仇恨也便消化了。

公不見丁原、董卓乎？

智者千慮，必有一失。

對呂布的態度，極見曹操愛將之心。

呂布，字奉先。原是幷州刺史丁原的部將。董卓竊國，丁原不服，與之刀兵相向，董卓收買了買布，呂布殺了丁原遂投董卓，歷任騎都尉、中郎將，封都亭侯。

呂布做了董卓的部將，並充任董卓的保鏢，二人誓言情同父子。但董卓凶暴，一次因事順手拔起手戟，直擲呂布，欲斬殺呂布，被呂布躲過。呂布也因與董卓的侍妾私通，而更加不安。後王允密謀爲國除賊，約呂布作內應，呂布又一次接受收買。在獻帝大會群臣，董卓的車一進未央殿，伏兵一擁而上，董卓被刺下來，急呼呂布救他。呂布卻應聲喝道：

「有詔令討伐賊臣！」

說完一矛刺死董卓。

董卓死，呂布即投靠王允。

呂布其爲人大略如此。

呂布雖無氣節，且反覆無常，但作爲一員馳騁沙場的猛將，卻是不可多得的。像董卓讓呂布做自己的保鏢，像呂布從袁紹營中逃走，袁紹派人追殺，袁軍將士竟無人敢上前同呂布交手，都說明呂布的驍勇無敵。

因此原因，在漢末群雄紛起之時，在投靠無門之際，也能嘯集一支人馬，攻城掠地，佔州郡，爲吏長。即使與以善用兵而著稱的曹操對壘，他也常佔便宜，甚至有時還將曹操逼入絕境。這其中固然有陳宮運籌帷幄之功，但呂布勇力的作用也是顯然的。正因此種種，當呂布被擒，盡力求生時，曹操幾欲動心。那情景可謂甚富戲劇性。

當時曹操在白門樓上等待五花大綁的呂布。呂布被押上，就和曹操親熱：

「明公怎麼這般瘦呢？」

曹操雖同呂布多次交戰，也多有書信交往，但卻從未見過面。曹操立即對呂布感到如此這般有趣。即問：

「你如何識得我面目？」

呂道：

「從前在洛陽，於溫氏園見過面的。」

曹操恍然——

「是的！是的！我想起來了。我之所以這麼瘦，是因為沒有早日捉住你。」

呂布不免滿面羞慚，乞憐地說自己對部下如何好，責怪別人背叛自己。曹操也不給呂布面子，明白地指責他私通屬下妻妾。呂布語塞後又提起話題，說：

「今後，天下可定了？」

曹操急問：「為何？」

呂布即說，曹操所憂者，呂布也，呂布願降，為前驅，助曹公橫掃天下。還說管仲曾射齊桓公一箭，幾欲致命，齊桓得位卻能任管仲為相。

曹操愛才，尤愛戰將，尤其在這戰火瀰天之際，聽呂布這一番言語，不免猶豫了。論呂布其人品，曹操當然清楚；假如不治其罪，其勇力呢……

這時呂布身上繩子綁得太緊，不禁請劉備為他說好話，曹操不禁笑起來了說：

「綑綁老虎，不得不緊！」

又說：「你怎麼不直接求告於我，卻對劉使君說呢？」

說著即讓人給呂布鬆綁，主簿王必立即阻止，曹操也即向呂布作無奈狀：

「我本欲給你鬆綁，主簿見阻，你看如何？」

至此，由於呂布的努力，曹操愛將之心，漸佔上風，恨呂布其人，治呂氏其罪之念頭一點點淡化。只是老謀深算的劉備出其不意地來一句：「公不見丁原、董卓乎？」

呂布之命運立即急轉直下，曹操之心態也立即有回旗反鼓之勢，這樣才有呂布白門樓飲恨。可惜的是，殺了呂布，對曹操也許真是一件好事，對劉備卻失去了一支對付曹公的潛在力量，種種潛在機會。

此豈非智者千慮，必有一失乎？

河北多義士

曹操言：「河北義士何其多也。可惜袁家不能用，否則，我豈能正眼瞧河北！」

曹操在北方最強勁的對手是袁紹，袁紹的強勁不在於袁紹本人的本事多麼大，而在於他部下聚集一大批文武人才，諸如田豐、沮授、審配、張郃、高覽等等。這些人對袁氏家族或有以死相報，矢志不渝的忠誠；或被袁紹逼走，釀成袁紹人生事業的悲劇。而這些人，於曹操最爲壯烈，最讓曹操感動的莫過於田豐、沮授、審配。

田豐是因料定官渡之戰袁紹必敗，而惹惱袁紹被投入監獄的。後來，袁軍果如田豐所料，幾乎全軍覆沒。這時袁紹不思教訓，反而惱羞成怒，從官渡前線敗歸，不僅不向田豐致歉，引咎自責禮敬之，竟下令殺害田豐。如此結局也在田豐意料之中：袁紹外寬而內忌，勝，他或可偷生，敗，他則必死無疑。雖明知如此，田豐倒也從容赴死。

沮授是曹操俘虜不降而死的。他也是反對袁紹發動官渡之戰的。他說，袁軍攻曹名不正言不順，道義上處於劣勢，且曹操不比公孫瓚，不是那麼好打的。

又說，即便打起仗，大概也只是爲曹操幫忙。他引用西漢末揚雄的話說：「戰國時，六國擾攘，像是爲了周天子，實際不過是爲秦國取代周朝架橋鋪路。」今天的事情想來也這樣。

儘管這樣，袁紹兵敗，他做了曹操的俘虜，見曹操第一句話就是「我不投降」。

曹操早年同沮授即有交情，亦知其才幹，即迎上前寬解沮授。

「我們隔絕多年，沒想到在這裡捉住了你。」

沮授也不羞慚，坦然道：

「本初失策，致有此敗，我智力窮盡，活捉則是必然的了！」

曹操想勸沮授投降，說：

「本初無謀，不肯用你的計策。今戰亂播遷十多年，這正是做大事業的時候，你乾脆同我一起吧！」

曹操這樣說，當然是愛沮授之才，意欲用之，只是沮授誓死忠於袁家，因而借故推托說：

「我母親、兄弟與叔父還在冀州，性命俱在袁家手中，明公如想關照我，還是讓我快點去死吧。」

但是曹操還是下令給沮授鬆綁，好生相待。直到曹操認定沮授終不爲自己所用，下令殺了沮授。

審配是在鄴城攻破後被俘就死的。

審配守鄴城是抱定與城池共存亡的決心與曹操對壘。曹操命令兵士出示繳獲的袁尚全部輜重、衣物、印綬、符節等物，以動搖審配的軍心。可審配仍堅持鼓舞將士頑強抵抗，以待援軍。他看到曹操在城下巡視，一箭差點射中曹操。

當曹操最後問他：

「我這兩天在城外巡視，城中射出的箭怎麼會這麼多呢？」

審配挺直身板不妥協地回答：

「我只恨太少！」

審配這種臨死不屈的氣節，這種忠於故主的大義，使曹操深爲震動。事實上，若不是審配的侄子暗中降曹，並在夜裡打開城門，放進曹操的軍隊，審配寡不敵衆，否則曹操需付出更大的代價，才可打破鄴城。這所有都使曹操想把審配留下來，並有意把審配往活路上引，說：

「你忠於故主，這也無奈。」

但審配全不領曹操的情，寧死不屈。又加之辛毗等人哀號要求報仇，曹操到底無奈殺了審配。鑒於這一個個從容爲袁氏家業赴死的烈士，曹操不禁深心敬佩，嘆道：

「河北義士何其多也，可惜袁家不能用，否則，我豈能正眼瞧河北！」

眞英雄方敬畏眞英雄的對手！

斯文同骨肉

歷來文人相輕，但讀書人中也有斯文同骨肉的傳統。

曹操有大英雄才具，既非一介武夫，也非孑然書生，但又兼二者之長。但若說其人與書生情誼眷顧，可說得上斯文同骨肉？這似未必。

曹操有英雄氣度、書生才情，對大書生、大才子也時有斯文同骨肉之舉止。骨肉者，非也。為其事業也。

因而，仍是大英雄心胸舉止，但若說全無惺惺惜惺惺之心，就未必確然。

陳琳乃當世才子名士，曹操初入仕在洛陽時即與之交往，但後來各奔前程。曹操做了一路人馬的頭領，陳琳做了袁紹大營的秘書長。官渡之戰前夕，陳琳還給袁紹寫了一篇討伐曹操的檄文，歷數曹操諸般罪惡。

俗話說：打架沒好拳，爭嘴沒好言。檄文更是集此大成，有過之無不及。如說曹操欺君枉上、竊視神器、殘害忠良、塗炭生靈等等。又領兵為禍，破棺裸屍，掠取金寶，軍中還設有「發金中郎將」、「摸金校尉」官職，實爲大盜賊小人哉云云。

中國人罵人最忌辱其祖先，這陳琳偏偏把筆伸向曹操的父祖。說曹操的祖父曹騰是太監，父親曹嵩是抱養的，曹操其人無非「贅閹遺醜」，這樣揭曹操的老底子，確實出語太狠了些。袁家兵敗，陳琳被俘，僅憑這一篇檄文足以構成死罪，且不說其影響。可是曹操見了陳琳只說：

「你爲本初寫檄文，罵我也就夠了，故人云所憎邪惡只及本身，怎麼扯到我父祖頭上了呢？」

陳琳即解釋說：「這好比箭在弦上，不得不發。」隨即向曹操道歉謝罪。曹操也就不計較過去了。因陳琳才學，不僅沒治陳琳的罪，還讓陳琳做了司空軍謀祭酒。

因愛才，饒恕敵人，這是英雄氣度。

因愛才，妻以女子，這卻是眞正的斯文同骨肉了。

丁儀是曹操晚一輩的文士，才名也很盛，曹操聽說，就想把他自己的女兒嫁給他，又聽說丁儀瞎了一隻眼，但他也不介意。他同曹丕商量，曹丕以女人嫁夫，看重對方長相，主張把其妹另嫁他人，曹操就不提這事兒了。但不久曹操即任丁儀爲丞相掾，丁儀任職後，與曹操交談，讓曹操大爲驚異。甚至後來對人說：「丁儀確實是一個才子。即使兩隻眼都瞎了，也應當把女兒嫁給他，何況只一隻眼睛失明呢！這事情是丕兒誤了我！」

愛才如此，能說是爲籠絡人心？實在是已成癖好了。如此看曹操光著腳丫兒接待許攸，即非做作了。

或曰：率意爲之，實有眞情在個中！

也是尋常情理

不可苟求於人，卻必須嚴律於己，此亦英雄情懷，也即尋常事理。

人們常說：小人上了台，兩膀架起來。

大約說的是，奴才一旦做了主人，就比眞正的主人還主人。倒是眞主人能靈活、隨和，上得也下得，小事情上也現出大家氣象。曹操一方面爲人忌刻，另一方面又爲人通脫，許多原則事體常有此表現。諸如對昌豨之死，對官渡之戰中通敵者的處理等等。

昌豨本是黃巾歸降將領，曹操受具降是惜其才可用，昌豨降曹卻大抵也是迫於情勢，一有風吹草動，又會倒戈相向的。在曹操西征高幹期間，昌豨果然揭竿而起。曹操似乎也不感意外，平定幷州後即陸續派于禁、臧霸、夏侯淵前去征剿。昌豨不敵，就到于禁處請降，因昌豨同于禁有老交情。按二人關係，旁邊人認爲于禁必定把昌豨交曹操處理。卻不料于禁說：「曹公有令：圍城以後才來降者，一律不赦。奉法行令，乃爲將之道，我同你雖爲朋友，但又怎能違背軍令呢？」

于禁便含淚斬了昌豨。

但這事傳到曹操耳裡，不禁感嘆：

「昌豨投降，不來找我卻去找于禁，這豈不是運氣太壞嗎？」

悲嘆昌豨之意溢於言表。軍令固然不可更改，爲將守軍令乃天職。但軍令是死的，能赦不赦，也不是軍令的目的。于禁固然不錯，曹操也有他的情懷。殺一人能利於事業，可爲也；赦一人仍可利於事業，同樣可爲也。且千軍易得，一將難求。

而事業既是人的事業，那麼在事業的經營中，人之生存，人之心意，人之艱難困苦，就首先在思慮之中。不可苛求於人，卻必嚴律於己，此亦英雄情懷，也即尋常事理。

正因這樣一番道理，官渡戰後，從袁紹帳中發現了許多許都官員給袁紹的信，這些人給袁紹歌功頌德，向袁紹表效忠之意。曹操發現，也不追究，只是下令一把火燒掉，並說：

「當時袁本初勢大，人人自危，我自己尚不能自保，何況他人。」

正是此情此理，見出曹操的豁達處。但也只有大英雄才能眞豁達。所謂「惟大英雄能本色」，此即一例吧。

淚祭袁紹

曹操淚祭袁紹，一推公義，二均私愛。

袁紹官渡兵敗，倉皇北還，不久即憂鬱成疾。同年五月吐血而亡。

曹操攻破鄴城，即令非其將令，不得擅入袁宅。

當曹操完全控制了鄴城後，做了一件常人無法理解的事，但於英雄又極富傳神色彩的事：淚祭袁紹。

他親到袁紹墓前致祭，痛陳時世艱難，生靈塗炭之苦痛，歷數他與袁紹相知相交，相約救民於水火的人生歷程，又讚嘆袁紹英雄且不幸生存業績……。風吹著袁紹的墓碑，頭上有旗旛飄拂。曹操情辭激切，三軍將士既感動又莫名其妙。因爲他們倆到底是敵人呀！有說曹操是「匿怨矯情」。

曹操爲什麼要祭奠袁紹——一個曹操非常害怕的對手，一個最後國破家亡的敗軍之帥呢？

是的，袁紹是敗了，且一敗塗地。但誰又是永恆的勝利者呢？但袁紹曾經不也是一個勝利者嗎，一赫赫然不可一世的英雄嗎！

宋人劉敞在〈題魏太祖紀〉中剖白了曹操的心情，應當說甚得眞意。他說，董卓亂國，袁、曹結盟，其艱難周旋，共當禍福。這其間有患難眞情。等到後來各成氣侯，各人心目中又都有一個遠大的目標，於是又互相不容忍，乃至互相攻擊，連兵血戰。這並不是有什麼硬是過去不了，化解不了的世仇宿怨，不過彼此都要伸張自己的意氣、志願而已。到最後，勝負既明，國破家亡，曹操雖成大功，但這並不是當初他們相約時所願望看到的。因而，惺惺相惜，衷心感動，自然而然傷神隕涕，這就是所謂慷慨英勇之風也，必不能爲心胸狹窄，小有所成則得意洋洋，幸己成樂人禍之輩所理解。

又說：「且夫爲天下除殘，則推之公義，感時撫往，則均之私愛，此明取天下非己義，破敵國非己怨也，其高懷卓犖，有以效其爲人，固非齷齪之輩所能察也。」

這裡一「推公義」、「均私愛」，可謂將曹操祭袁紹之動機心情說盡。

關於這一點，古來大智賢，大英傑相交多有此情景。王安石變法，蘇東坡反對，二人關係相當僵。但王安石退隱了，蘇東坡一結束貶謫生涯，即赴金陵拜訪王安石，叙交中詩章唱和，敬重之意見於字裡行間。蘇東坡詩曰：「騎驢渺渺入荒陂，想見先生未病時。勸我試求三百畝，從公已覺十年遲。」王安石則對蘇的人格極推重，說「不知更過幾百年，才有如此人物」。並格外欣賞蘇的詩句「峰多巧障目，江遠欲浮天」，還次韻奉和。

此亦「公義」、「私愛」之矛盾。公義固不可廢，私愛何能不一日訴諸言見諸行呢？

至於破鄴城，曹丕違令進入袁室，奪袁熙妻甄氏，似是見允於曹操，這又是別一種私情了。也可說正是此一私情更可見彼一英雄相惜的私情了。

體惜忠義

忠義一節，古今難事。

於忠義一節，常見英雄與否，及至人格高下之分。

曹操本人難說佔有多少忠義，但對忠義之人卻常表現出由衷的讚嘆與欽服，甚而在利害衝突之中，他能網開一面，成全忠義之人。也就是在義、利矛盾時，他常趨義而忘利。對關羽，對沮授等人即是這樣。對自己的部下也常這樣。

曹操手下有個叫梁習的，原爲郡主簿，歷任乘氏、海西、下邳縣令，後還朝任司空府的西曹令史，又調任西曹屬。梁習所職所皆有政聲。但在梁習任西曹屬時，一事惹惱了曹操。當時一個叫王思的也任西曹令史，因滙報情況不合曹操要求，曹操大怒，竟要將王思處以重刑。施刑人員來到，正好王思外出了，梁習便替王思前去接受質問，被曹操關押起來。

王思這時在外聽說，即飛馬趕回，主動承擔了死罪。這事情到此已經很糟糕了，論事實，梁、王二人必有一死。偏偏二人的表現感動了曹操：梁習不爲自己辯白，王思也不推卸責任。倒是曹操驚惶了，不禁感嘆——

「哪裡想到我軍中有兩個義士呢！」

不僅沒治二人的罪，二人反因禍得福，雙雙提拔爲刺史，王思兼豫州刺史，梁習兼并州刺史。

曹操部下可說大部分人才都是從敵對營壘中來的，曹操對這些人可謂有知遇之恩，但這些人對舊主也常有感念之情。對此情況曹操也是視若無睹，實際心思是體諒的。

攻殺袁譚後，懸首示衆，並明令：「敢哭之者，戮及妻子。」冀州別駕王修卻無視曹操的命令，伏到袁譚屍身上號啕大哭，不少追隨袁家父子的人見了都暗暗抹淚。

王修不僅如此，還冒死要求曹操讓他收葬袁譚屍身，曹操表面沈默不語，王修進而說：「我受袁氏厚恩，如能讓我來葬袁譚屍體後再去死，我死而無憾！」

曹操聞言，感動地說：「王修，義士也！」

不殺王修，反任之爲司空掾行司金中郎將。

孔融被殺，唯脂習撫屍痛哭，說：「文舉，你捨我而死，我今後同誰說知心話呢？」曹操聞訊，下令把脂習抓起來，但心裡一軟還是放了脂習。後來還對脂習說：「你倒是一個慷慨多情的人啊！」

還給脂習送去一百斛穀子。

造之者富，隨之者貧

開創者能夠出大名，得大好處，跟著模仿的人，恐怕就一無所獲了。

「造之者富，隨之者貧」，此語見於曹操的一則手令。其文大略曰：

邴原名高德大，清規邈世，魁然而峙，不為孤用。聞張之頗欲學之，吾恐造之者富，隨之者貧也。

這則手令是批評名士張范的，不過出語十分委婉罷了。所謂「造之者富，隨之者貧」，是說開創者能夠出大名，得大好處，跟著模仿的人，恐怕就一無所獲了。類似平常所說，第一個用花兒形容美女的人是天才，第二個就是蠢才了。如此說，也足見曹操對邴原如何了。

邴原是東漢末與鄭玄齊名的儒學大師。其人清高脫俗，時人公孫度譽之爲「雲中白鶴」，可見一時清名之盛。

曹操早年即景慕岩穴清雅高士，何況如邴原這樣的大師。當邴原答應爲他做事，曹操對他的態度就更加謙恭，任他爲東閣祭酒。雖然如此，但諸事曹操都不勉強邴原，一任其高臥家中，清高物外。這樣，曹操還怕不能討好邴原，甚而爲邴原所不屑。

建安十二年冬，在北征烏桓回昌國，在一宴席上，酒酣耳熱時曹操透露心跡說：

「我此番凱旋，鄴城諸君肯定都會前來迎接的。今天，或者明天早上，大概就會都到來的。不會前來的，只有是邴祭酒吧？」

可出乎曹操意料，話音剛落，侍者即報：邴原先生求見。曹操簡直不相信自己的耳朵，驚喜過望，立即出迎，遠遠地接著邴原，一把接著邴原的手說：「賢人實在是難以預料啊！我本來估計您是不會來的。哪曉得您卻枉駕遠遠趕來了呢！這實在讓人高興，大大地滿足我的渴盼之心！」

由於邴原這樣德高望重的宿儒尚且遠遠迎接曹操，這一領頭，軍中士大夫個個不落後，前來拜訪曹操的竟達數百人之多。由此，曹操更知邴原的分量，後來就更敬重邴原了。

但邴原也不是事事依著曹操，他才高名重，行爲也很放誕。他雖答應在曹操的政府中任職，實際根本不管公務，甚至連臉兒也很少露。總是抱病不出，日日獨居家中。這樣，邴原就愈發神秘，讓人可望不可及，甚至名士張範也想學邴原的作法。於是，曹操才下了如此一道手令。所謂「造之者富，隨之者貧」，既表明了曹操對邴原的特別看重，特別眷顧，同時也警醒效尤者，還說明了人才獲得成功的一條規律。

其中自然也有功利之思。倘爲一才士俱與邴原一般淸高物外，曹操敬其人、惜其才，豈非如對鏡花水月！

雍齒封侯，我何憂哉

因愛才，饒恕敵人，這是英雄氣度。

在曹操的性格裡，寬與忌，狠與和，善與惡，常表現得極爲鮮明，甚至極爲矛盾，但這矛盾又正如明人鍾惺所云「慘刻處慘刻，厚道處厚道，各不相妨，各不相諱」，這就是曹操其人。他有許多忌狠的歹處，也有諸多寬和的好處。無忌刻，則似無三國奸雄之名；無寬和，似乎他也不能成一方霸主之大業。

因之，他的寬和處還是有許多可書於青史，可譽於後世的，且尤其比之於他同時的其他諸人，他也有優長處。

對人才來投，無論戰時的兩軍對壘的前線，還是風平浪靜的平日，他大抵能開懷接納，信之任之。

官渡之戰相持時期接納許攸，並用其計，固然是英雄虎膽，或曰藝高人膽大。但骨子裡也有一份知人善任，明於人事。而烏巢燒糧之後接受張郃、高覽來降，更是自信而信人。

以曹操天性言之，實爲一狐疑狼顧之人，但他在用人中不僅信之任之，還能時常不爲謠言，讒言所左右，就尤爲難得。一次蔣濟被人誣告謀反，曹操不僅充耳不聞，反提昇蔣濟爲丞相主簿西曹掾，專管丞相府內官員任免事宜。

又建安十八年東郡朱越反叛，並誣陷黃門侍郎衛臻是同謀者，曹操同樣不相信。爲洗刷衛臻，以正視聽，他派荀彧調查此事，澄清眞僞。結果，衛臻確實是被誣陷的。爲此，曹操通知衛臻：「孤與卿君同共舉事，加欽令問。始聞越言，固自不信。及得荀令君書，具亮忠誠。」

這道通知實是和衛臻敘舊的，因衛臻之父乃衛茲，曹操陳留起兵時的共事者；也是表明對衛臻的信任。

於曹操尤其這樣一種態度難得——

「時國家分裂，正是上下相互猜疑之際，即使坦誠待人，尚且擔心他人不信；如果還動手殺人，那誰不戰戰自危呢？而且生活在常人中容易被庸人誣陷，你去怨恨，怨恨得過來嗎？漢高祖同雍齒有仇，他赦免了雍齒，結果人心大安，你怎不記得了呢？」

這是當初曹操說給袁紹的一席話，表明一種人才態度，也表明一種做人的態度。當時袁紹因與楊彪、梁紹和孔融有舊怨，曹操當時還依附於他，於是袁紹就叫曹操找借口，把這幾個人殺掉，曹操就說了以上的話開導袁紹。

其中「雍齒封侯，我何憂哉」說的是漢高祖劉邦用人授爵的故事。當時天下初定，劉邦大封同姓王和重要功臣，其餘人員則甚爲不安，因此，天下仍潛藏著再次陷入戰亂的危機。劉邦對此也很擔心，就問謀臣，謀臣即說：「您平時最恨的仇人是誰？」

劉邦說：「莫過於雍齒。」

雍齒乃劉邦的同鄉，曾同劉邦一同起兵，後來背叛過劉邦，雖然最終雍齒還是回到劉邦營中，但劉邦對其人已非常仇視了。

「那您就封雍齒爲侯爵。」

劉邦依計而行，雍齒封侯，消息傳開，一些心懷疑忌，甚至還很恐懼的人，立即放心了，並說：「雍齒封侯，我何憂哉！」

曹操這樣說，表明他認識寬以待人的重要，並實實在在地這樣做著。

〈封功臣令〉

因才而用人，因人而成事，因事而論功，論功而行賞。

建安十二（公元二〇七）年在一道〈封功臣令〉中曹操說：

吾起義兵，誅暴亂，於今十九年，所征必克，豈吾功哉？乃賢士大夫之力也。

因才而用人，因人而成事，因事而論功，論功而行賞。這是對人才成就一種瓜熟蒂落式的肯定和體惜。

人才，或者說士大夫總是期望成功名的。事實上古今人才，能成事者，不一定能成功名，因爲，功名被上面出頭露臉的人拿去了。因而用人才還是人才做事的一截，確認人才的功名則是人才開花結果的一截。農夫有種望收，商賈將本求利。人才經營國家大事，何嘗不如此！否則，蜂採百花成蜜後，爲誰辛苦爲誰忙？

在肯定屬下功名的名單，曹操最忘不了，最推重的是荀彧、郭嘉、荀攸等人。

〈請爵荀彧表〉云：

> 臣自始舉義兵，周遊征伐，與彧戮力同心，左右王略，發言授策，無施不效。彧之功業，臣由以濟，用披浮雲，顯光日月。陛下幸許，彧左右機近……，天下之定，彧之功也。

三軍統帥，社稷首臣，不設謀臣之功，亦是難得。只是當荀彧日益不爲其用，心歸炎漢時，曹操便不能容忍了。一寬一忌，何其判然，然同一操耳。

〈請封荀攸表〉曰：

軍師荀攸，自初佐臣，無征不從，前後克敵，皆攸之謀也。

讚譽荀攸，無以復加，是不奪人光采也。

〈請追增郭嘉封邑表〉曰：

……軍祭酒郭嘉，自從征伐十有一年。每有大議，臨敵制變。臣策未決，嘉則成之……。

承認郭嘉神思捷才高於自己，一個莽夫容易做到，如曹操者文武足備，雄才大略，卻能謙遜示下，卻不易做到。

正因爲如此愛惜、敬重人才，飲水思源，所以曹操也惠及其安康與身後家人子女生計。

賈逵脖子上長了個肉瘤，越長越大，想請醫生割掉。曹操甚不放心，以首長的口吻警示，「吾聞『十人割瘿九人死』」（「瘿」，脖子上的囊狀瘤子），關切之意似乎難以表達，意謂：開刀之事，愼之愼之。

蒯越去世前把家人托付給曹操，曹操聞言即覆信：

「死者反生生者不愧。孤少所舉行之多矣。魂而有靈，亦將聞孤此言也。」

用荀息答晉獻公言：

「使死者反生，生者不愧乎其言，則可謂信矣！」事見《公羊傳・僖公十年》

曹操用其意，意在不負所託。

郎中令袁渙死後，家徒四壁，曹操下令：「以太倉公千斛賜郎中令之家。」又令：「以垣下公千斛與曜卿家。」曜卿，袁渙的字。事後曹操解釋說：「以太倉穀者，官法也；以垣下穀者，親舊也。」因爲，太倉是京中國家糧倉，「垣下穀」是曹操個人穀倉；所以前者說「賜」，後者說「與」，以見朋友無高下之情誼。

我有嘉賓，鼓瑟吹笙

曹操的本色是詩人、是梟雄。

曹操的本色是詩人，是詩人，便容易激動，便多情，便多感慨，甚而浮想聯翩。

是梟雄，則有氣魄，有度量，還有膽有識，縱覽風雲，駕馭時局。

這二者合一，便是曹操註定要有所作爲，而是否有所作爲，那就一半是人爲，一半是天意。正如諸葛亮說曹操之功業「不惟天時，抑亦人謀」。

而註定要有所作爲，也就註定了曹操要總攬人才，成爲一方之主。這於曹操中年以後已是既成事實了。而另一方面也註定於人才，於朋友，於天下英雄，於社稷功業，曹操也要發而爲詩歌了。而這方面的詩歌，最集中的代表作大約莫過於前面提到的〈短歌行〉了。爲表現曹操對人才的愛惜，對人才的敬重，和對人才的渴慕，乃至其英雄胸懷，詩人情懷與人才哲學，且抄錄如下：

對酒當歌，人生幾何？譬如朝露，去日苦多。慨當以慷，憂思難忘。何以解憂？惟有杜康。青青子衿，悠悠我心，但為君故，沈吟至今。呦呦鹿鳴，食野之華。我有嘉賓，鼓瑟吹笙。明明如月，何時可掇？憂從中來，不可斷絕。越陽度阡，枉用相存，契闊談讌，心念舊恩。月明星稀，烏鵲南飛，繞樹三匝，何枝可依？山不厭高，海不厭深，周公吐哺，天下歸心。

——〈短歌行〉

詩以憂慮人生短暫匆促起。

「青青子衿」二句直接從《詩經·鄭風·子衿》移來，「衿」爲束衣裳的帶子，「子」指詩中女子所思之情人。以情人相思，寫自己對人才的渴求。

「呦呦鹿鳴」四句亦爲《詩經·小雅·鹿鳴》句子，以鼓瑟吹笙盛待賓客之禮，喻自己必禮遇賢士。

「明明如月」四句，以月之美麗而高遠，喻人才難以求得。

「山不厭高」四句以周公自況，說人才多多益善，如山不辭土石，才能成其高，海不拒溪流，方能成其大。同時表明要像周公一樣，「一飯三吐哺」，「一沐三握髮」一樣對待人才。

〈短歌行〉爲詩史名篇，亦曹公自憐自命之眞意。

通脫其人

操幼時，好遊獵、喜歌舞；有權謀，多機變。

——《三國演義》

神龜雖壽，猶有竟時，騰蛇乘霧，終為土灰。老驥伏櫪，志在千里；烈士暮年，壯心不已。盈縮之期，不但在天；養怡之福，可得永年。幸甚至哉，歌以詠志。

——曹操〈龜雖壽〉

通脫，說白一點就是放達不拘小節。如《南史·任昉傳》說任昉其人「性通脫，不事儀形」即是。

曹操尚通脫，最著者在於文章。因爲行止只在當時，文章卻傳之久遠，因此魯迅就說曹操「膽子很大，文章從通脫得力不少，做文章時又沒有顧忌，想寫的便寫出來」，可謂「改造文章的祖師」。

其實，曹操文如其人，不僅文章寫得通脫，做人，做統帥，諸事言行，也甚通脫。且若從通脫處觀曹操人生諸多特點，大約有如下這些：有膽有識，長於治國用兵；多智謀，機變來得快，有時奸詐；務實，熱衷於權位；愛才，只要自己喜歡，不計人才缺點；貪女色，常不顧禮法……等等。

有如許特點，世人甚少提及其人通脫這一點，大約是那些特點，如智謀、權詐、貪色太突出了，掩蓋了通脫這一點。其實，通脫作爲一種風格，一種態度，一種境界，對於曹操似乎更重要一些。因爲，它影響了曹操作爲一個人的方方面面。

設使下天無孤

曹操〈讓縣自明本志令〉：

「設使國家無孤，不知當幾人稱帝、幾人稱王。」

本書重複提及曹操的〈讓縣自明本志令〉，因為這篇文章於曹操其人太重要了。其長雖不到兩千字，但可作曹操心靈自白與生平傳記看。其敘故事，述心志，怎麼想即怎麼說，心裡無芥蒂，筆下無滯礙，不僅文情通脫，亦歷歷可見其人。

歷來被人稱道的那句話，「設使國家無有孤，不知當幾人稱帝，幾人稱王。」出自本文。聽那口氣，自信有得天下捨我而誰之勢，又坦率得無遮掩，全不顧禍從口出，文章授人口實。

想當時形勢。時值建安十五（公元二一〇）年冬，距赤壁之戰曹操大敗才兩年時間，曹操的事業尚不容樂觀。關中有馬騰、韓遂等數路人馬割據，張魯佔漢中，劉璋統益州。尤其嚴峻的是孫權穩守江東，又得曹操赤壁之敗，揮師北進，與曹軍張遼諸將爭於合肥城下。而劉備於赤壁一戰後，已結束流浪生涯，依荊州數郡爲根本，賴諸葛亮竭力扶持，聯吳抗曹，弛張有度，未來不可小視。這諸般情景都是曹操不能放肆之因由。而曹營之中，對曹操也有諸般訾議。

且曹操年已五十有六，勁敵如孫權、劉備輩，以曹操年齒最長。因之瞻念前路，不免有來日無多之虞。然而，鄴城銅雀臺初起，文華畢集，喜氣洋洋，曹操還是作了〈讓縣自明本志令〉，大膽地，無顧忌地說了一大篇心裡話，和實話。

說自己舉孝廉時年尚少，又不是海內負盛名之士，所以想獨立承當一郡守的職責，做出政績，以建立聲名。但得罪十常侍等權貴，因怕禍及家人，還是退隱了。此早年心曲。

說再次出仕，遷典軍校尉，雖一心想爲國討賊立功，但志向並不高，不過想死後墓碑上寫上這樣一行字：「漢故征西將軍曹侯之墓。」此早年之志也。

說遭董卓之亂，首倡義兵，其實不過只想號召天下英雄奮起，自己募兵並不想多，因怕兵大勢大，與人爭，爭則禍起矣。後以數千兵戰於汴水，寡不敵衆，到底大敗；大敗後到揚州再募兵，仍不過限於三千之數。此仍是述早年之志也。

到領兗州牧，破黃巾三十萬衆，亡袁術，擒呂布，驅劉備，掃蕩河北袁家天下，又襲荆州。曹操坦然承認，尤其是對袁紹，實在自己都覺得不是對手；但一戰不免，只有以死相拼，幸虧取勝。說現在「身爲宰相，人臣之位已極，意望已過矣。」此是說得志後的心態。

又以秦將蒙恬盡忠，周公晚年蒙屈而自況，回答衆人指責他有篡漢自立之心。但又說自己不能放棄兵權。何也，齊桓、晉文拱衛周朝，稱霸諸侯，就是因爲其兵勢強大。尤其不能放棄兵權，使家族橫遭殺戮之禍！所以封邑四可退還其三，兵權卻斷不可放棄！此亦發心聲，盡人情也。

以蒙恬、周公自喻，究竟自我美化，但獲實利，又慕虛名，未必全無此心。尤其「設使國家無孤，不知當幾人稱帝，幾人稱王」，何其一針見血，爽快無礙！

人才觀情態

曹操通脫性格在用人上的利弊，主要不在人才觀本身，而在行為把握上。

由於特殊的時代背景，社稷蒙塵，戰亂頻仍，百廢待興，因之，曹操的人才觀不僅是「不拘一格」選用人才，且可以說是對人才採取了一種十分通脫開放的態度。

這種人才觀大略體現在前面說的，發布於建安十五年後的三道「求賢令」上。這三道「求賢令」的人才觀大致有：

1. 自古受命及中興之君，必得賢人相助，但賢人不會自動走出來，必須上門求取。
2. 人才必定品質高尚才可用，否則必誤天下大事。
3. 今天下一定有賢才，或如子牙德高才大，或如陳平才高卻名聲不佳。
4. 才德矛盾，能進取之人，德不足；有德行之人卻無才；不可因缺點廢滯人才。

5.只要有治國用兵之術，不仁不孝也不妨。

如此等等，最集中地概括起來即：惟才是舉。

曹操這種通脫開放的人才觀，實際早在建安八年（公元二〇三），已表達出來。當時有人議論「軍吏雖有功能，德行不足堪任郡國之選」，曹操即在軍令中申明不可如此迂腐拘泥，提出「治平尙德行，有事尙功能」，明確戰時與平時選取人才的態度應有區別。這實際是「惟才是舉」的先聲。

關於惟才是舉的社會意義又在前面已說過，但觀曹操的性格，所謂「治世之能臣，亂世之奸雄」，曹操說「治平尙德行，有事尙功能」，想來即便在和平時期，只要曹操處在一個重要的位置上，他於人才大都會採取一種通脫的態度。之所以如此說，這大約是曹操個性決定的，儘管在「惟才是舉」的道理上，他可以引經據典，說得頭頭是道，儘管在軍政要務上，大多數事情他都深思熟慮，安排得絲絲入扣。但作爲一種個性，它似乎比理性的思考來得更頑強，更無所不在。特別是在形勢比較有利的時候，或者表面上看來，他完全能控制局面。

像對待黃蓋歸降一事就過分通脫。黃蓋降書寫道：「……然顧天下事有大勢，用江東六郡山越之人，以當中國百萬之衆，衆寡不敵，海內所共見也。東方將吏，無有愚智，皆知其不可，惟周瑜、魯肅偏懷淺戇，意味解耳。今日歸命，是其實計。瑜所督領，自易摧破。交鋒之日，蓋爲前部，當因事變化。效命在近。」

這確實是一封入情入理的信，幾經盤問，曹操信以爲眞，致有赤壁之戰慘敗。

又爲招太史慈歸附，寄一小箱子給太史慈，箱內置一味中藥當歸。如此信件，如此奇思妙想，固然是智慧之舉，但到底有些遊戲味道。三軍統帥，個人行爲不宜如此輕佻無威重。這也影響人才去留，與事業成敗。這方面明顯地與劉備、孫權構成對比。劉備起於寒微，也以才取人，但總是以誠致人。孫權坐鎭江東，長處則全在知人善任。

回到曹操身上來，其通脫性格表現在人才上，一則爲英雄情懷，雄才大略，可總攬諸多文武英傑，成一番大事業，有文治武功之盛；另一方面放達過頭，則爲輕舉妄動，或因個人行爲錯失，如淯水之難；或識勢不當，受人愚弄，如赤壁之敗。

這大約是曹操通脫性格在用人上的利弊，且利弊主要不在人才觀本身，而只在行爲把握上。

徵召司馬懿

曹操其人的通脫風格，用於權詐時，又有一種梟雄面目。

與劉備的以才取人、以誠致人相比，曹操在得人才上的通脫風格就更明顯了，尤其在徵召司馬懿這樁事兒上。

司馬懿其人之於曹操的事業，可謂關係極特殊，尤其到曹操子孫手中。但徵召司馬懿出山，也有著特別意味，那就是曹操本人的事了。

司馬氏乃河內（郡名，治懷縣，故城在今河南武陟西南）世家大族，世代高官。司馬懿兄弟八人，司馬懿是老二，字仲達。兄爲伯達，諸弟依次爲叔達、麥達、顯達、惠達、雅達、幼達，人稱「八達」。「八達」中，因伯達最年長，也最先露頭角。但當時有識之士卻對司馬懿期許最高，認爲其人雄才大略，不可限量，這預言是否確當，至少連其兄伯達都不服氣。但大名士如崔琰、楊俊卻不改口，斷言其人「聰亮明允，剛斷英特」，乃至認爲是「非常之器」。對這些說法，因正是用才之際，曹操不會不聽起來特別入耳。而崔琰等又正好是他的下屬，自然司馬懿的情況盡在他的掌握之中。

還有一層，司馬懿也必須爲曹操效力，這於曹操也是一樁樂事。這就是前面提到的，曹操初入仕推薦他做洛陽北部尉的司馬防即司馬懿之父。所以，在曹操任司空時就下令徵召司馬懿。

但司馬懿究竟是司馬懿。他眼見漢家天下風雨飄搖，曹操雖置漢天子於股掌之中，且挾天子以令諸侯，但群雄割據，究竟鹿死誰手尙難確定。因此對曹操的徵聘，他並不樂意。但身爲臣民，至少在年齒上較曹操他也算晚輩，加之與曹操又有其父兄情誼，因此也不好直接了當地拒絕。於是推托說自己患有風痹病，行動不便，不能應召。

曹操本就心眼兒活，疑心重，不知眞假，其通脫的慣性上來了，便採取了非常手段。秘密派人在夜間潛入司馬懿住處，裝著要刺殺司馬懿。司馬懿也眞是曹操的對手，怪不得曹操打了幾十年的江山，都是爲司馬家墊了底子，司馬懿出山就像已有兆頭。好像歷史或者說天意在暗示，曹操的對手不是袁紹，不是孫權，不是劉備，而眞正的對手是司馬懿。而史家說魏晉兩代是個出陰謀家的時代，曹家謀了劉家的天下，司馬家又謀了曹家的社稷。一個個引狼入室，終於被狼吃了心肺。

但所謂陰謀家，也無非指曹操、司馬懿二人。但老實地說，曹操卻是比司馬懿光明正大得多。因爲曹操的江山是他自己打出來的，他挾持天子，畢竟不時還有人臣之相。司馬家自曹操父子一死，就硬是從曹操孫子輩手中搶天下了。到後來，「司馬昭之心，路人皆知」，其實也是司馬懿陰險一生的最後圖窮匕首見。這當然又是後話。

前因就是當曹操派人夜間假裝行刺，司馬懿便心中有數，稍有燭光斧影，便索性直挺挺地躺在床上，儼然風痹病纏身，動彈不得，總算躲過一時。但曹操到底比司馬懿高一籌，他不甘心敗在司馬懿手上，也決不相信司馬懿眞的有這怪病。因此，當他做了丞相後，又召司馬懿爲文學掾，通知司馬懿到任，並對使者說：

「司馬懿如果還是拖延搪塞不上任，就把他抓起來！」

如此，感到有性命之虞，司馬懿才勉強就職。但曹操這一通脫，手段非常，不拘常規，雖得到司馬懿，後果何如呢？其實，曹操在世時，並不信任司馬懿，稱其人「鷹視狼顧」不可付予兵權。以曹操之智見和威權，曹操在，司馬懿斷不能有所作爲。但曹操死了呢？請神容易送神難。倘曹操當初不這樣逼司馬懿出仕，司馬家將何如呢？最不可限量的是人，何況韜晦深藏的司馬懿者。

但在這裡又可見出曹操通脫風格的又一指向：當其用於權詐時，又有一種梟雄面目。只是用在司馬懿身上，使曹操一生挾持漢獻帝，到了其孫子輩上，卻遭了總報復。

天地眞有眼嗎？

好色亂禮

英雄好色，應發乎情、止乎禮，問題不在好色不好色，而在該與不該。

一時想不起從什麼時候流傳下來這樣一首打油詩，曰：

自古英雄多好色，
未必好色即英雄。
我非英雄亦好色，
惟有好色是英雄。

這是一首好色者自嘲的詩，語雖調侃，到底傳達了人情的某些共同性。所謂郎才女貌，英雄難過美人關。雖非人人如此，但畢竟歷來如此。固然有倚玉偎香，坐懷不亂之眞君子；但人群之中更多的是色不迷人人自迷的好色之徒。這事情問題不在好色不好色，而在該不該，或者度的把握，發乎情，止乎禮也。

而曹操其人，性尚通脫，不拘節律，在男女的事情上就走得遠了，並且很年輕就十分荒唐。

有傳說如下：

曹操與袁紹同都是京都大官僚人家子弟，半大不小時就在一起鬧事兒。某日他們聽說有一家兒子完婚，新娘標緻，二人便想鬧一場惡作劇。商量好了，相約一同去趕熱鬧、看婚禮。婚禮人多且雜，出出進進，二人便趁著人群雜處，溜至主人的花園中藏起來。看看人家酒足飯飽，婚禮鬧夠了，天也黑上了眼，二人也按捺不住，使出調虎離山計，突然大叫：

「有賊！有賊！在那——」

樂極怕悲事。參加婚禮的那家主人即衝出去捉賊。這邊曹操路徑看得眞切，大步趕到新房，將鋼刀往新娘子脖子一比，就把新娘子劫持了。然後挾著新娘子趕出門，同在外接應的袁紹匯合，又循著來路往回逃。

新娘子在掙扎，後面有人追，二人又急又怕，袁紹膽子小些，一步踏空，掉進路邊坎下一個荊棘叢去了。這可把曹操急死了，顧不得新娘，急中生智，大叫一聲：「賊在這裡！」這一喊嚇得袁紹惡向膽邊生，雙目一閉，豁地衝了出來。於是二人方逃脫。

傳說的可信程度大約只限於查無實據，事出有因。但淯水之難，曹操因貪女色招致慘敗卻是證據確鑿。

曹操妻妾

自古英雄多好色。

歷來帝王妻妾無法計數。所謂率土之濱，莫非王土；四海之內，莫非王臣。生殺予奪在焉，一女色又算什麼！曹操亦焉。

不過載於史策，有姓氏的妻妾於曹操還是有定數，即丁夫人、卞氏、劉夫人、環夫人、杜夫人、秦夫人、尹夫人、王昭儀、孫姬、李姬、周姬、劉姬、宋姬、趙姬、陳妾等十五人。但在多妻制的時世裡，於曹操妻妾多少在本話題裡無關緊要，重要是於通脫一格，見曹氏女人的來路，所用手段。

曹操妻妾中有杜夫人、尹夫人二女，此二女在歸於曹操前，俱爲有夫之婦。杜夫人丈夫名秦宜祿，爲呂布部屬，因無氣節，被張飛所殺。曹操得杜夫人見《獻帝傳》：

……宜祿，為呂布使詣袁術，術妻以漢宗室女。其前妻留下邳。布之被圍，關羽屢請於太祖，求以杜氏妻之。疑其有色，及城陷，太祖見之，乃自納之。

《蜀記》也有類似記載：

曹公與劉備圍呂布於下邳，關羽啟公，布使秦宜祿求救，乞娶其妻，公許之。臨破，又屢啟於公，公疑其有異色，先遣迎看，因自留之，羽心不自安。

此二則引文所記，杜夫人爲秦宜祿妻。或者秦已與漢宗室某女又婚，關羽求杜氏，杜氏當嫁的應是關羽。但因杜氏有異色，曹操權大，就自己佔了。

尹夫人則爲大名鼎鼎的美男子何宴的生母。原本爲曹操生前的老上司大將軍何進的兒媳婦。曹操迎漢帝，定許都，從前漢家官吏僚屬便盡在其掌握之中。當聞知何進兒媳美貌，他便攫爲己有了，還收養何宴這樣一位人物。這也是歷史這團亂麻剪不斷，理還亂的花絮。

還有那位引得曹植衷心傾慕，並因之寫了一篇千古流韻的〈洛神賦〉的甄后，據《世說新語·惑溺》記載：

魏甄后惠而有色，先為袁熙妻，甚獲寵。曹公之屠鄴也，令疾召甄，右左曰：「五官中郎將已將去。」公曰：「今年破賊，正為奴。」

按《世說新語》這一說法，曹操攻破袁家的老巢鄴城，實際是爲了得到袁熙的妻子甄氏，不過父子同心，曹丕搶了先。《世說新語》此記可信何如，尙可推究。其非爲史書可定論，但記魏晉人事，非小說家言，也是事實。無論曹操此言行確否，但也大抵符合曹操對女色的態度。而杜牧的〈赤壁〉名句「東風不與周郎便，銅雀春深鎖二喬」，因由亦如上同出一轍。

立賤

所謂「立賤」，即有傷風化也。

在曹操的妻室中，上列十五人，卞氏居其二，這是按其入門時間排列的。但丁夫人與曹操分手，卞氏實際居於第一的位置。曹操封王，曹丕稱帝，因之，卞氏也順理成章地由王后而太后。當然，也由於卞氏乃曹丕、曹彰、曹植之生母，且性情賢淑，讓曹操免除家室之憂，此亦是卞氏之功德，曹操之福分也。

但卞氏與曹操其人性格大有意味。

卞氏，作爲一女子，雖有諸多長處，尤其難得的是美貌與賢淑。但爲遺憾的是出身卑賤，這在曹操的時代，可謂是天大的缺陷。

史書記載，卞氏，琅玡開陽（故城在今山東臨沂市北）人。由於家境貧寒，很小就以歌舞爲生計，出入賣藝場中。也是曹操好色沒遮攔，當然，平心論之也是卞氏福氣。一次歌舞之中，曹操看到了卞氏，怦然心動，後即納爲妾。此時曹操才二十歲，還在譙縣未正式步入仕途。

卞氏出現在曹操生活中，也許眞的有什麼意味。因爲就是這一年曹操事業功名的船已緩緩出港，並由此即漸成直掛雲帆之勢，乃至起兵討賊，挾天子以令諸侯，統一中國北方，乃至爲侯爲公爲王，人生富貴聲威已極。並且在整個曹操的功名事業和家庭生活中，卞氏一直在曹操身前身後，爲妻爲室，生兒育女。曹操並沒有因爲她出身低賤而看輕她。尤其是建安初年，由於淯水之難，丁夫人與曹操因長子曹昂之死而鬧翻，丁夫人歸家不再理曹操，曹操無望於丁夫人，也就順理成章地將卞氏策爲正室。並沒有因爲卞氏的出身與藝人的經歷而另眼相看。

這在後來的民主時代是無所謂的，但在當時王侯時代，講出身，講門當戶對，曹操此舉可說是出格非常。更別說此舉悖於禮法，悖於名節，乃至可能在士大夫階層中掀起敗毀名節、斷送前程的軒然大波。這就是所謂「立賤」，所謂「有傷風化」。正是這原因，許多英雄雖愛美人，但卻就是不敢給出身卑賤的美人予正當地位與名分。而另一些人也就是用這一手打倒對手。

宋高宗時，台州知守唐與正就因賞識營妓嚴蕊的才藝，酒宴上曾命嚴蕊賦紅白桃花，嚴蕊即席賦成〈如夢令〉曰：「道是梨花不是，道是杏花不是。白白與紅紅，別是東風情味。曾記，曾記，人在武陵微醉。」一時廣為傳誦。而大理學家朱熹也就藉口「有傷風化」將嚴蕊收審，投入監獄，拷打得嚴蕊死去活來，也無非想藉著嚴蕊的身世扳倒唐與正。直讓嚴蕊以死相拼，不吐一字與唐與正有關的事情。但終究還是賴另一位台州知守的繼任者岳霖的理解，惜其才，憐其無辜才救了嚴蕊和唐與正二人。英雄才子視禮法、風化異途如此，可見一斑。

可曹操這樣做了。

以愛登后

曹操首開「以愛登后，使賤人暴貴」之風。

應該說，曹操與卞氏的感情生活是一個饒有情趣的話題，固然不在本書關注之列，可惜史籍亦無記載，只是卞氏亦不負曹操鍾情與「立賤」之決心勇氣。

當初董卓之亂，曹操逃出洛陽赴陳留起兵，這實是凶多吉少，死生未卜的事情。曹操潛出後不久，袁術傳來消息，說曹操已遭不幸。當時卞氏仍留洛陽，跟隨曹操到洛陽的人聽此消息，頓感沮喪，擬散伙歸家。卞氏即阻止說：

「曹君生死尚無定信，諸君今日走散，明天曹君還在，那時有何面目相見？即便大難臨頭，一起死有什麼可怕的呢！」

於是衆人都留下了，後來曹操聞知此事，感激萬分。又丁夫人被廢，卞氏爲正室，生丕、彰、植諸子，又撫生母早亡諸子，與曹操又有莫大功德。曹操爲魏王，卞氏亦被立爲王后，曹操下令：

> 夫人卞氏，撫養諸子，有母儀之德。今進位王后，太子諸侯陪位群卿上壽，減國內死罪一等。

此「諸侯」即曹操的封侯諸子，「陪位群卿」指太子，諸侯的屬官，「上壽」乃祝賀之意。至此，曹操白紙黑字，循禮循法地將卞氏由一歌舞藝人推上了王后的寶座。並且，此舉直接影響其子孫，因而到曹丕時棧潛上書反對說：「因愛登后，使賤人暴貴」，至曹叡娶虞氏，虞氏就說過一句話：「曹氏自好立賤。」《三國志·魏書·后妃傳》裴注引孫盛語亦云：「魏自武王，暨於列祖，三后之升，起自幽。」說的都是這一事實。

封建時代，帝王婚姻往往充滿政治功利色彩，不僅禮法束縛，而且權門相結，曹操首開「以愛登后，使賤人暴貴」，是否謂反傳統，至少是其人通脫情懷之表現吧。

爾曹皆當出嫁

曹操〈讓縣自明本志令〉：

……常以語妻妾……孤謂之言：「顧我萬年之後，汝曹皆當出嫁……。」

中國人文傳統的婦德，歷來注重貞操、不二嫁等節，但曹操無所顧忌地娶有夫之婦，又「自好立賤」，如果僅僅將其看作是行爲的，情感需要上的放縱之舉，似不妥當。因爲對於當世人文，曹操至少具有以下幾重身分：征戰天下、智勇兼備的統帥，深諳中國經史禮法的學者，掌握權柄、治理國家的宰臣，並且在這種種方面，他都是開創一個時代又實實在在影響這一個時代的成功者。如此，這樣人的對女色的種種舉止，倘說全然是率意而爲，實在說不過去。

應該承認曹操能正視男女的正常生理與情感需要，正視人性的正常需求，也不把女性只當作一個觀念的負擔者，她們應是一個活生生的人，而不是貞操、名節的犧牲品。這樣，傳統的貞操觀念、名節觀念在其心目中就沒有多大的分量。自然，也無需因此掩蓋曹操放縱，有時全無道德廉恥之疵點。或者，此二者正互爲因果，乃至爲曹操其人之一體兩面。

曹操也是人，人之怪也在這裡。

曹操鮮廉恥處令人不齒，但曹操在過人處中仍有感人處，即於男女一事中，通脫亦見諸般人性的眞誠，乃至獨到見地與行止。

他曾在〈讓縣自明本志令〉中說：

……常以語妻妾……孤謂之言：「顧我萬年之後，汝曹皆當出嫁……。

目的是讓妻妾在他死後嫁人以宣示其忠誠漢室之心，然而，身為魏王，且以周文王自況，竟有如此之言，如此之心，亦見其人敢想敢作之風。

曹操如此說，確實也是如此作的。

其結髮妻丁夫人，因自己無出，養早亡的劉夫人子曹昂為己子，淯水之難，曹昂隨征，死於張繡突襲之中。丁夫人因此事經常數落、責罵曹操。曹操在無以容忍之中，將丁夫人送回娘家，意在讓丁夫人平靜一下心情，夫婦之間也緩和一下緊張氣氛，再將丁夫人接回。

或者因為丁夫人脾氣太倔，或者作為人妻，其對曹操為人更知底細，因而一去竟無返意。當曹操眞去她娘家接她回京，她正坐在織布機前織布，人報「曹公到」，丁夫人只作沒聽見，依然織她的布。曹操走上前，撫摸丁氏的背說：

「一起坐車回去吧！」

丁夫人依舊不睬，曹操無奈轉到門外又問丁氏：「跟我一起回去不行嗎？」

丁夫人仍不作聲，曹操只得說：「眞要分手了！」

曹操此後便再沒找丁夫人，但仍關心她的生活。或者他覺得丁夫人還年輕，還應當有個家。他並不以爲丁氏曾爲其妻，離他而去，他就把她限制起來。或者以一種更爲高尙的感情言之，愛一個人，對一個人有感情，得與失都不要，只爲一己之私。曹操本心是否如此？不得而知；但曹操是這樣做的，也做到了。

他要丁夫人父母將丁夫人改嫁他人，只是因爲丁夫人父母懾於曹操權勢，不敢這樣做。對於曹操，如此要求丁家是否是虛情假意，裝裝樣子？似乎不是。曹操以其權威地位，乃至其一身周圍擁有衆多姬妾，他自己還日理萬機，假如對一女子沒感情，不是眞正關心她作爲一個女人的生活，他就沒有必要如此費心思地去攛掇一個什麼。這樣做，從另一方面說，也是符合曹操性格的。

這一點，若只與春秋時的齊桓公比較，即見曹操的無拘礙處，和尊重人性的眞誠處。齊桓公曾出一婦人歸蔡，蔡人因是另一國度，自然無需顧慮齊桓，即將婦人另嫁男家。桓公聞之大怒，興兵伐蔡。質而言之，齊桓、曹操實乃一類人，但此中即見異同。應當承認，英雄眼底，兒女情長究是多餘事，然而男女之情到底是人中大事，所謂「才子多情」，「英雄難過美人關」，如何過法，亦見人之一端品性。此中曹操，自是有可貴處。

痴絕分香賣履心

繾綣恩私悲永訣，由來伉儷最情深；從今白首同歸去，痴絕分香賣履心。

曹操好女色沒遮攔，同時，曹操也似乎是一個多情執意的人。且愈到晚景愈甚。

建安二十五年（公元二二〇）正月，曹操南征關羽歸洛陽後，遇到一件怪事。據傳他讓人移栽一棵梨樹，挖掘時梨根竟流出血來。挖掘工人蘇越把情況報告曹操，曹操去看，認爲不吉利，心中厭惡，回府即病倒了。曹操時年六十六歲，連年征戰，戎馬勞頓，漢中、襄樊頻繁吃緊，心力交瘁，終於不堪折騰，臥榻不起。畢竟是上了年紀的人了，一生幾欲不離鞍馬，生命的弦繃得太緊了。曹操大約預感剩下的日子不多了，便斷斷續續傳下〈遺令〉。其實前二年曹操已頒布〈終令〉，安排自己的後事，無非墓址、薄葬之類。

此一回〈遺令〉，曹操在補充、重複〈終令〉內容，尤其念念不忘百年之後其妻妾生計起居諸事。其詞云：

吾婢妾與伎人皆勤苦，便著銅雀台，善待之。於台堂上安六尺床，施繐帳，朝晡上脯糒之屬，月旦十五日，自朝至午，輒向帳中作伎樂。汝等時登銅雀台，望吾西陵墓田。餘香可分諸夫人，不命祭。諸舍中無所為，可學作組履賣也。吾歷官所得綬，皆著藏中。吾餘衣裘，可別為一藏，不能者，兄弟可共分之。

此一段話語既體惜妻妾、歌舞藝人與自己生前一道勤苦，又慰藉諸人在其身後的寂寞心靈，乃至如何打發日子，乃至遺物分配、安排都想具體了。這於大英雄很難想像，也未免太婆婆媽媽，太兒女情長了，尤其與曹操那種舉止通脫的一貫風範大相徑庭。

然而，道理、原由大概也就在這裡。通脫，不拘他人成見，想到什麼就說出什麼，這即言如其人，文如其人。又英雄一世，事事簡要，但彌留之際，心情激動，思想細膩，生命力已不能影響高遠宏大，就只有細細地想自己的生前身後事了，依然想到哪兒就說出什麼，這正好也是一通脫之風，依然仍是曹操其人。

正如上面說的，歷來人們對〈遺令〉頗有微詞，說人英雄臨死還念念不忘婢妾藝人，要人將她們安排到銅雀台，好生看待。又規定祭祀內容，安排遺物，似未免瑣屑。所以陸機在〈吊魏武帝文〉中說：「若乃繫情累於外物，留曲念於閨房」「惜內顧之纏綿，恨末命之微詳。紆廣念於履佀，塵淸慮於餘香，結遺情之婉孌，何命促而意長！」陸機雖體諒地說了一句這些舉止「亦賢俊之所宜廢乎」，但不解之意溢於言表。

然而，人之將死，其言也善；豈只如此，其情未必不更加細膩、篤實，無情未必眞豪傑啊！因之，後人又有詩曰：

咸池升日久，銅雀分香悲。

縱灑蒼梧淚，莫賣西陵履。

——杜牧〈杜秋娘傳〉

繾綣恩私悲永訣，由來伉儷最情深；從今白首同歸去，痴絕分香賣履心。

——吳偉業〈清涼山贊佛〉

——浦松齡《聊齋誌異‧祝翁》後印本畫評

此般感吟歌詠，應是合乎曹操性格，乃至深深體會大英雄末日心情的。

其實，曹操也是凡人。

鄴下文采風流

《文心雕龍‧時序》：建安風骨——慷慨而多氣、志深而筆長……。

曹操為人通脫尤雅好詩文。作為軍政領袖這種個性和愛好，不僅直接鑄就中國文學的漢魏風骨，也造就了建安文章，乃至鄴下文人詩文交往的文采風流。

因之，鍾嶸《詩品・總論》說：「曹公父子，篤好斯文；平原兄弟，郁爲文棟。劉楨、王粲爲其羽翼。次有攀龍托鳳，自致於屬東者，蓋將百計。彬彬之盛，大備於時。」並且還應該說，這種「彬彬之盛」也相當程度地折射、反映出曹操人格及至詩文的魅力。因此，曹植詩云：

公子敬愛客，終宴不知疲。清夜遊西園，飛蓋相追隨……飄颻放志意，千秋長若斯。

——〈公宴〉

曹丕詩亦云：

乘輦夜行遊，逍遙步西園……驚風扶輪轂，飛鳥翔我前……上天垂光彩，五色一何鮮……。

——〈芙蓉池作〉

在戰亂的苦痛間隙，在生民塗炭的蒼涼悲歌之餘，文人墨客追隨曹氏父子，文章宴遊歡快，曹操二子可謂寫得躍然紙上。這正是曹操領導、影響的結果，也是曹操性情愛好影響的結果。

然而曹操位高權重，軍政事務繁忙，且年事已高，實際不可能有很多時間和經常參與鄴下文人詞章活動。但有其父必有其子。爲父的放獷不拘小節，其子也高下無阻礙，這既親和了君臣關係，也更好地釀造著詩文酬唱的氣氛。並且互相砥礪，開懷切磋，乃至杯酒、遊樂之間，不拘尊卑貴賤，不假客套禮數，甚至不避內外嫌疑，這都促成了鄴下文章的空前之盛，及至成就在中國文學史上獨樹一幟的品格與價值。這當然又要首功於曹操。

不過鄴下文章宴遊，也發生過一樁名留青史的小插曲。由於受父親影響，或者在曹丕、曹植的骨子裡還有與曹操一脈相承的放達浪漫氣質，因之，二兄弟在同文士交往中相當隨便，甚至情興高時全無顧忌。

有一次曹丕宴請諸詩文高手，酒酣耳熱，興高采烈，曹丕竟然讓其夫人甄氏出來見眾位文士。分明君臣名分，又犖然男女大妨，無疑一下子讓清醒者嚇得面白心跳，趕緊低下頭，諾諾然做聲不得。然而也有不信邪的，劉楨就是不當一回事，如同看平常人一樣，若無其事地一雙眼直視甄氏。自然，曹丕也坦然若常，滿不在乎。

只是這一回曹操倒認眞了。身爲君父，他聽說此事後一臉不高興，臉越拉越長，遂下令逮捕劉楨，交有關司法部門治罪。按律如此對主母，劉楨犯大不敬罪，當斬首。憐其才，又有功社稷，減一等，發落到勞役犯集中地尙方，專做磨石的苦役。

又是這位愛才又恣意折磨人才的曹操，一次到尙方視察，發現劉楨正端坐正色磨石，不禁有所心動，竟上前問道：

「這石頭怎麼樣？」

劉楨立即以石頭自喻，說：

「這石頭稟氣堅貞，實乃之自然也。但細察其紋理，雖人力磨礪，枉屬迂繞，猶不得伸也！」

曹操聞言，哈哈大笑。回到府中即下令赦免劉楨，官復原職。

於尊卑貴賤觀念，於男女貞節大妨意識，曹操是有的，發起脾氣，被惹惱火時，照樣是強烈、濃厚的，甚而，生殺予奪只在瞬間。但一接觸斯文朋友、文章意氣，立即又若有若無了。

雖違衆，吾從下

傳道與事業，說到底是一個為衆的問題，因之，從衆無論在心理上或是行為上，都應有所取捨及揚棄。

建安二十一年二月，曹操奪取漢中後回到鄴城，發布了一道〈春祠令〉。

令文大略說：

人們普遍認爲祭廟上殿都應該脫鞋，但我受皇上恩賜，可帶劍穿鞋上殿。現在，祭祀祖廟如果脫掉鞋子上殿，那就是尊敬先人而違背王命，重視祖先而輕忽君王，所以，我不敢脫掉鞋子。又至祭時，到水盆旁做做樣子，卻不洗手。洗手是以淸潔表示對神靈的敬意，沒聽說只做樣子而不洗手就成敬意的禮節。況且

「祭神如神在」，所以我必須親自接水洗手。還有，降神禮畢，主祭人下台在座前站著，等音樂奏完，那光景實在有些巴不得快點完事的味道，不眞誠。所以，我乾脆坐下來，等樂章奏到送神曲響起，再站立起來。

如此等等，正如《論語·子罕》中記述的，孔子認爲臣見君先在堂下拜，再在堂上拜，周禮應當如此；現在只在堂上拜，顯得不敬，所以他和衆人不同，還是加一道堂下拜揖禮。

所以，曹操〈春詞令〉說：

……仲尼曰：「雖違衆，吾從下。」誠斯言也。

〈春祠令〉中所說的禮數，無論脫鞋、洗手、坐立與否，時移世易，已無意義，然而，其中所示從衆與從理的問題，卻有永恆的意義。

歷來處世爲人，從衆隨俗不一定合道理，而堅持道理，又常與俗情格格不入，甚而犯衆怒。此矛盾向來苦惱著人們，乃至智者賢者，尤其對事業、道理有某種執著追求的人們。對於一種追求，無論道理或者事業，從衆隨俗應該說是爲了得到大衆理解與支持，乃至傳道與發展事業。個中前提是不失道理，必要時又須從理不從衆，且又必要使衆俗從道從理。道理說起來應是這樣的，但實行起來卻很難把握分寸，很難快刀切豆腐兩面光，難免不犯衆怒，或者喪失道理。如此，魚與熊掌不可兼得時，那就須通脫一些，果斷一些，如曹操引夫子言：「雖違衆，吾從下。」

這樣，當然需要勇氣乃至必要的眞知灼見。

爲何？

王安石曾在〈答司馬諫議書〉說明過其中道理。王荆公曰：

人習於苟且非一日，士大夫多以不恤國事、同俗自媚於衆為善，上乃欲變此，而某不量敵之衆寡，欲出力助上以抗之，則衆何為而不洶洶然！……度義而後動，是而不見可悔故也。

當然，對於傳道與事業，說到底是一個爲衆的問題，因之從衆無論心理或行爲，沒有什麼不好，只有當二者發生齟齬時，才應有所取捨與揚棄，才應否定那

「苟且」的「同俗自媚於衆」的情態與行爲。這是更高的道與事業的心理和心術，曹操此令還上升不到這一層道理，只不過也約略顯出這些道理。

也正是因此道理，曹操有此心胸見識，也就不難解釋他的一則〈軍策令〉。令文曰：

孤先在襄邑，有起兵意，與工師共作卑手刀。時北海孫賓碩來候孤，譏孤曰：「當慕其大者，乃與工師共作刀耶？」孤答曰：「能小復能大，何苦！」

說的是陳留起兵，豫州刺史孫賓碩批評曹操和工匠一起打造一種軍用短刀，意在做大事者不事小技，且有失大人物身份，曹操卻不這樣看。明確答覆孫賓碩：「能小復能大，何苦！」這豈非又是曹操違衆處，通脫處！

曹公莽莽，古直悲涼

〈古詩十九首〉——

人生忽如寄，壽無金石固。萬歲更相送，聖賢莫能度。——〈驅車上東門〉

人生天地間，忽如遠行客。——〈青青陵上柏〉

人生寄一世，奄忽若飄塵。——〈今日良宴會〉

思君令人老，歲月忽已晚。——〈行行重行行〉

曹操是三軍統帥，是社稷宰臣，還可以說他是權謀家，是不是皇帝的皇帝。實際在他身後他已得到皇帝的名號，且歷來人們多以魏武帝指稱。雖然他曾自命「若天命在吾，吾爲周文王矣」，然而，特殊的時勢，群雄並起，高才捷足者先登；又由於氣質個性，心計才情，曹操實際比周文王威風得多。他也就是以這些特點，這樣多重身份確立著自己的歷史角色，乃至在人們心目中的影響與地位。

然而，同樣是由於個性、氣質，又加之特殊的時代和自己確定的人生追求與經歷，他還是一個慷慨詩人和憂患哲人。並以其詩作和憂患意識，反映一個時代和自己的諸般人生哲學。

又曹操是以統帥和執掌社稷者的身份和情感，去感受時風世雨並吟咏成章，因之其詩文有「漢末實錄，眞詩史也」（明·鍾惺語）的質地。而其「閔時悼亂，歌以咏志」（朱嘉徵《樂府廣序·卷八》）所呈現的藝術魅力，見「曹公莽莽，古直悲涼」（王世貞《藝苑卮言·卷三》）、「於三百篇外，自開奇響。」（沈德潛《古詩源》）也正是人生事業憂患意識所呈現的藝術感染力，和思想影響力。

更毋言「對酒當歌，人生幾何」，又引發古今多少志士仁人感慨蒼涼與浩然之嘆。

壯想「度關山」

人生的憂患，首先是人生的壯想，或者說是人生壯志、人生抱負。

壯志抱負是飛揚高舉的，充滿激越豪情的。那是一個人生命力之所在，那是一個人智慧期望之所在，也是一個人自許自認最見切實之所在。因之，壯志抱負總是充滿信心，充滿自豪感和充滿熱望的。

然而，誰人能眞正實現自己的理想抱負？似乎沒有確定的答案。實現是相對的，不能實現，了無遺憾的不能實現是絕對的。

因爲，天高沒有人心高。目標也總是隨著人到達的地方，而不斷向前推移。因而，到達是暫時的，沒有到達則是無限的、永久的。

何況，「烈士暮年，壯心不已」呢！

這是人生憂患之源，也是曹操憂患之思之由來。

曹操不斷高舉的抱負爲何？

實際曹操最初的志氣並不算太高遠，也即因其家世門第及至其個人才能，倒是不難達到，無非如他〈讓縣自明本志令〉所言：「欲望封侯作征西將軍，然後題墓道言『漢故征西將軍曹侯之墓』，此其志也。」也就是他在迎獻帝都許縣已完全實現。

然而，隨著形勢的變化，早年人們對他的期許、鑒定一一實現，如「治世之能臣，亂世之奸雄」，「能安天下者捨孟德而誰」。群雄逐鹿，曹操確實顯示了超越衆人的諸多長處和潛在能量，因而，其自許更高，使命感更強，已不滿足於做「曹侯」了，而是要滅群雄一統天下。如此壯志和目標不僅見於其人軍中馬上之言語，更見於其詩歌吟唱。最著者可推〈度關山〉一詩。其詩曰：

天地間，人為貴。立君牧民，為之軌則。車轍馬跡，經緯四極。黜陟幽明，黎庶繁息。於鑠賢聖，總統邦域，封建五爵，井田刑獄。有燔丹書，無普赦贖。皋陶甫侯，何有失職？嗟哉後世，改制易律。勞民為君，役賦其力。舜漆食器，畔者十國。不及唐堯，采椽不斲。世嘆伯夷，欲以厲俗。侈惡為大，儉為共德。許由推讓，豈有訟曲？兼愛尚同，疏者為戚。

在這首詩裡，曹操明確提出了「天地間，人爲貴」的思想，表明其軍政行爲的目的。正是在此基礎上他憧憬著國家統一，君主賢明，法制完善，道路車馬往來，人民安居樂業的和美生活。並且從帝王、官吏到賢德之人，他提出了一系列人格模範，保證民風樸素，奢侈不作的生活態度和人際關係，如唐堯、皋陶、伯夷、許由等。他們是人間安祥的標誌，也是各色人等的完美表率。

然而，談何容易！曹操有能力把社會推至如此地步，把人變得如此純樸善良嗎？他開章明義地說「天地間，人爲貴」，也恰是其人出爾反爾，常常攻破敵人城池，縱兵屠城，殺人如麻。此情此景，何以言說。

不說曹公對戰亂常常無奈，及至對自己性情也常無奈吧！何況雲在青山月在樓的功業。

於是，人不能把握局面，人不能實現所願，也就「憂從中來，無以斷絕」，詩人的曹公尤多情如此！

散關山，此道當何難

人不能把握局面，人不能實現所願，便知世道艱難，人事艱難。

曹操一生事業，自不能說一帆風順。幾多出生入死，但也常絕處逢生，柳暗花明。然而眞正使他感到艱難，感到施展不開的是赤壁之戰之後。赤壁之戰慘敗自然是當頭棒喝，甚而至於山窮水盡的地步。胸懷大志的劉玄德，加上諸葛亮輔佐，前程無量；孫權三世經營江東，人才濟濟，兵精糧足；又孫劉聯盟，到曹操逾花甲之年，天下早已三國鼎立。三國之中，魏國固然爲大國，土地、人口、兵將俱居首位，然到底也無吞併吳蜀的實力。何況，中原天災人禍日久，創傷也較蜀吳深重得多，何敢言一統天下。這一點曹公自是了然於心的，亦其人生最深切的憂思所在。因此，曹操在建安二十年（公元二一五）三月西征張魯，四月出散關寫下了慨嘆艱難，以至「意中迷煩」的〈秋胡行〉。

據《魏志·武帝紀》，曹操時年六十有一，而魏蜀對壘，在荊襄一線，在漢中一線，魏軍常處劣勢，蜀將關羽善戰，劉備軍師諸葛亮用兵常有神出鬼沒之功，這常使曹操產生徒負一統之思，常陷幾端艱難之困。因此，出散關山情之所致，即潑墨寫下〈秋胡行〉，其一云：

晨上散關山，此道當何難！晨上散關山，此道當何難！牛頓不起，車墮谷間。坐盤石之上，彈五弦之琴。作為清角韻，意中迷煩。歌以言志，晨上散關山。

以不可遏止之勢劈頭兩句「晨上散關山，此道當何難」，直抒西征張魯行軍之艱難。散關山出即今陝西寶雞西南大散關，為秦蜀往來要道。曹操一再抒發「此道當何難」，難道僅只是說西征之路嗎，其實未必不是說統一天下之路何其艱難！當此情勢，曹操應是自明，在他有生之年是無望統一天下的。天時、地利、人和一樣條件不具備，時世不造英雄，英雄又奈天下何！不僅曹操，劉備、諸葛亮、孫權也無一能在當時條件下統一天下。非才力也，乃時勢也。後來司馬炎統一天下，較之三國英雄，何樣人才，豈非「世無英雄遂使豎子成名？」非也，時勢也！

所以，曹操惟有對河山險阻，彈五弦琴，發「淸角韻」。淸角乃淒淸之調，相傳爲黃帝所作。《韓非子·十過》說，晉平公問師曠：「聲調中沒有比淸徵更悲切的嗎？」師曠答：「淸徵趕不上淸角。」平公要師曠奏淸角，師曠說平公德薄，不可聽，聽了恐將有敗。平公執意要聽，師曠爲之演奏，結果風雨大作，帷幕撕裂。後晉國大旱，赤地三年。曹操能彈淸角韻而無恙，自是德者之身心了。

然而，究竟「意中迷煩」。

「意中迷煩」的希冀就是進入神仙境界，以超自然的力量干預現實，改變現實。有人或可以爲，此乃尋常人在困難中，以幻想代替現實之故伎，然而這究竟也是一種態度。俗人如此，大英雄亦如此。因爲對於人之願望，人力總是不夠用的，如此神的世界又如何不是人的世界？然而，神仙世界究竟不是英雄馳騁的舞台，曹操只有「去去不可追，常恨相牽攀。夜夜安得寐，惆悵以自憐。」

由「此道當何難」，到「惆悵以自憐」，大英雄遭際畢竟也充滿徬徨無奈。

不戚年往，憂世不治

曹操眞正的心病，胸中的兩團塊壘——人已老、世不治。

慨嘆艱難以至「惆悵以自憐」，這於大英雄或者只是一種情緒，即便詩人敏感，時常心旌搖動，也只是一種情緒，不是思想意志的搖動，也不是信心與生命氣力的遺失。並且，唯其情緒搖動，大英雄才有不竭的意志張力和生命熱情的投入。因爲，沒有情感投入的事業，很難說是一種眞正的事業，即便爲道爲佛。

因而，體味艱難，認識艱難，甚而惆悵自憐不是曹操精神萎靡，而恰是曹操踏實處。而曹操眞正的心病是「不戚年往，憂世不治」，即其胸中的兩團塊壘：

「人已老，世不治。」自步入仕途，隨著事業的開展，尤其是黃巾起義、董卓之亂給他提供了施展才能的機會，一手造就一個太平盛世也是他日漸清晰與強烈的願望。爲此他曾寫〈對酒〉一詩，曰：

對酒歌。太平時，吏不呼門。王者賢且明，宰相股肱皆良臣。咸禮讓，民無所爭訟。三年耕有九年儲，倉穀滿盈。斑白不負戴。雨澤如此，百穀用成。卻走馬，以糞其土田。爵公侯伯子男，咸愛其民，以黜陟幽明。子養有若父與兄。犯禮法，輕重隨其刑。路無拾遺之私，囹圄空虛，冬節不斷。人耄耋，皆得以壽終。恩德廣及草木昆蟲。

多美好的一個世界！君王、諸侯、官吏像父兄對子弟一樣待百姓；社會交往，人人禮讓，沒有爭訟犯罪。五穀豐收，人民富有，路不拾遺，刑場上無罪囚，人皆以壽終。如此人間，英雄事業，仕子功名，還有壯盛如此的嗎！

眼見三國鼎立，力不從心，曹操已清楚意識到自己親手或在自己有生之年統一天下的希望已無萬一可能。尤其往後的時日，自己年歲越來越大，事業的道路越來越難走。因而在〈秋胡行〉的第二首裡曹操便進入神仙世界遊賞，他寫道：

願登泰華山，神人共遠遊。願登泰華山，神人共遠遊。經歷崑崙山，到蓬萊；飄颻八極，與神人俱……。

四時更逝去，晝夜以成歲。四時更逝去，晝夜以成歲。大人先天而天不弗違。不戚年往，憂世不治。存亡有命，慮之為蚩……。

戚戚欲何念，歡笑意所之。戚戚欲何念，歡笑意所之。壯盛智慧，殊不再來。愛時進趣，將以惠誰？汎汎放逸，亦同何為！歌以言志，戚戚欲何念！

此中曹操宣洩了自己的情感，敞開了自己的胸懷。他有些故作達觀，故作平靜，他想與神仙共上崑崙，同遊蓬萊服藥成仙，與李耳、王喬、赤松一樣長生不死。他甚至清楚地對他人也對自己說：「存亡有命，慮之爲蚩」，「愛時進趣，將以惠誰」，這實在有點莊周的齊萬物的滋味，一切看那麼通達了然。

然而，曹操的達觀是裝出來的，他這樣人不可能眞正達觀。因爲他的事業太實實在在了。作賦吟詩，允許他暢想，而歸結爲現實的判斷，則不允許他雲煙渺渺。政治、權柄、兵戰，這是來不得半點虛玄的事體。因之，曹操注定不是整日尋歡作樂，醉生夢死的人，也斷然上升不到老莊那徹悟虛靜的境界。這是政治家的優勢，也是他的病根。因而，曹操止步於後者門前，也就斷然拒絕前者的誘惑。因而明確說：「汎汎放逸，亦同何爲！」

曹公總是要有所作爲的。這也是對的。人生也是要有所作爲的。儘管存亡有命，慮之爲蚩，但「不戚年往，憂世不治」到底響徹生命必勝的強音，因而，它也將永遠成爲有志之士入世與進取哲學。

老驥伏櫪，壯心不已

志士的悲哀在於，人生老大而偉業不成。

屈原《離騷》有言：

汨餘若將不及兮，恐年多之不吾與……惟草木之零落兮，恐美人之遲暮。

而於人生，眞正少年得志者幾何；眞正自己感到自己有力量的歲月也只在壯盛之年。這一段歲月實際也很短，對於人生事業，它總是顯得那麼短暫、匆促。這大約也是人，尤其志士仁人不能不「憂從中來」且擺脫不了的悲哀。

而人生到天命之年，實已時生遲暮之感。或者，心理衰老得早的人，四十歲之生命便有老之將至之無奈，與「人過中年萬事休」之慨。

於曹操，他自然是一個少年得志者。二十三歲爲頓丘令，三十歲爲濟南相，不排除個人努力與才能出衆，而命運之神的垂青亦是不言而喩的，這於曹操的人生事業自然是一個上好的起點，一個難得的基礎，這只要和他的對手劉備一比較，就見天壤之別了。然而，這對其後來一統天下之志，對天下大亂，群雄揭竿之時局實在顯得底子太薄，份量太輕，因之，曹操還需奮發有所爲。然而，這又如何能與「日忽忽老之將至」的時光步伐比水漲船高！

如此，曹操也是俗人。無奈時光流水，無奈老之將至，尤其一份詩人的多愁善感，其在五十二、三歲時就聽到「烈士暮年」的敲門聲。這到底不是好的聲音，到底是讓生命顫慄的聲音。就事實言之，到底並不是任何人都能像姜太公一樣，「朝歌屠叟辭棘津，八十西來釣渭濱」（李白〈梁甫吟〉）

然而，曹操到底不失英雄本色，到底卓有哲人之心與詩人之豪情。

史載，建安十年，曹操平定冀州後又揮師北上，千里奔襲烏桓，出盧龍塞（今河北遷縣喜峰口附近），又直搗柳城大獲全勝。九月回師，其時曹操五十三歲。

五十三歲，身心強健，當是壯盛之年，若身心衰弱，正是遲暮之秋了。此時此刻，曹操自然不乏勝利豪情，這在回師至黎陽碣石山所寫的組詩〈步出夏門行〉之〈觀滄海〉一詩，已表現得淋漓盡致：

東臨碣石，以觀滄海。水何澹澹，山島竦峙。樹木叢生，百草豐茂。秋風蕭瑟，洪波湧起。日月之行，若出其中；星漢燦爛，若出其裡。幸甚至哉，歌以詠志。

字裡行間，不僅是大家手筆，更是勝利者胸襟氣度和駕馭時局的魄力信心。但這絲毫影響不到他清醒地認識自己的五十三歲高齡。因之在組詩的〈龜雖壽〉中明白寫道：

神龜雖壽，猶有竟時；騰蛇乘霧，終為土灰。老驥伏櫪，志在千里；烈士暮年，壯心不已。盈縮之期，不但在天；養始之福，可得永年。幸甚至哉，歌以詠志。

詩中的曹操完全腳踏實地，不慕神龜長壽，也不指望如龍蛇飛升仙界，只願自己像一匹老馬，吃乾草喝涼水，仍有千里遠行之志。如此，烈士暮年，何憂之有？

這就是英雄之心，壯士之心。生命本來一天天老邁，但只要有事業在，人的生命便能獲得洋溢的活力。何以如此，信心可恃，才情可恃，見地可恃。正因此，姜尚才守著渭水清流，月月年年，不急不躁，「寧羞白髮照清水」、「廣張三千六百鈞」，直待到「風期暗與文王親」，終於「逢時吐氣思經綸」。

曹操自然有他的可恃處，有其叱咤風雲一生爲證。也正因如此這般，曹操云「老驥伏櫪，志在千里；烈士暮年，壯心不已」，又如催征戰鼓，不斷震動千秋老邁英雄之心，和人間不盡晚成之大器！

天威在顏咫尺

曹操的忠君哲學——「小白不敢爾，天威在顏咫尺」。

在統一北方的過程中，曹操始終實行「奉天子以令不臣」的策略，並以此號召賢才歸之其麾下。並就其權威與行止言之，其作爲已遠不是宰相和大將軍之作爲。他實際是一個沒有皇冠的皇帝。正因此，忠於漢室的人們無不指責他，或斥罵其人爲「漢賊」，或含蓄地批評他有不遜之志。而他削弱劉氏宗室勢力，打擊擁漢派一次次殘酷的殺戮，都表明於漢室天下，他已取而代之了。

然而，就其人言論乃至大關節處的行爲，又表現了濃厚的尊崇漢室的忠君思想。這一點在前面所說與袁術的比較中就已看出。且在〈讓縣自明本志令〉也表達得相當懇切。不僅如此，還是其詩文寫作的一重要主題。

如〈善行哉〉之一云：

古公亶父，積德垂仁。思弘一道，哲王於豳。大伯仲雍，王德之仁。行施百世，斷髮紋身。伯夷、叔齊，古之遺賢。讓國不用，餓殂首山。智哉山甫相彼宣王……。

又說「齊桓之霸，賴得仲父」，「晏子平仲，積德兼仁」。曹操在這裡列出一大排古之忠君愛國且賢能的人物，如周之始祖亶父，把王位讓給姬昌（周文王）的太伯、仲雍，還有春秋戰國的賢相管仲、晏嬰等等。說他們除了抒發他自己統一天下之志，同時也是把他們引為同調，以賢者忠者自命。也因此，他嘆惜周宣王大臣杜伯賢而被殺，更痛恨豎刁亂政，使齊桓公幽禁而死，六十七天無人收屍，直讓屍體發臭，蛆蟲從緊閉的門裡爬出來。

這所有，曹操之忠君思想是很明確的，他是事實上的皇帝，但又終生不做皇帝，也使他一生在漢室門下保持了臣節。

爲什麼會有如此結果呢？

除了曹操的忠君哲學之外，或者還有感恩和懼威兩大原因。感恩，即〈讓縣自明本志令〉中說明自己自祖及其子，受恩已過三世，不能不受恩而圖報。懼威，則或如〈短歌行〉其二所寫，自己應像周文王得殷之天下三有其二，尙俯首稱臣；像齊桓公九合諸侯，仍匡扶周室云云。即使天恩再厚重，「賜之廟胙，命無下拜」，然而「小白不敢爾，天威在顏咫尺」。小白即齊桓公的字，因其功周王命其廟堂朝見可不行下拜禮。然而，小白不敢，因爲天威就在面前。曹操說齊桓，也即自我表白，他不也是可以劍履上殿，入朝不趨，贊拜不名嗎？比之齊桓其有過之無不及，而心態如此，眞忠君臣服之心已至誠惶誠恐了。

但於曹操臣拜漢獻帝，也許眞正的用意在於留下一個忠臣的榜樣，使其屬下永遠忠於他自己開創的事業。如此，「若天命在吾，吾爲周文王矣」！爾後，其後來人就可萬世無憂地被尊爲眞命天子了。而扮做「周文王」這一角色就獲得「始皇」與「忠臣」這雙重身分。於此，曹操是成功者！

悠悠我心在子衿

事業是人的事業，是人，是衆多的人爲著一個共同的目標自覺努力爲之。所以，事業的憂患說到底是人才的憂患。至少，曹操別無出路地要歸結到人才上來。

關於曹操的人才思想和愛才用才之舉已有一章專門解說，但在曹公憂患之思裡，似仍需點到人才憂患。因爲求才、愛才、用才並非求之必得，於是有其憂一。憂其二則是，人才對於願望和事業，總有鞭長莫及的時候，且人才本身也是天外有天，強中更有強中手，這絕不是喜新厭舊，因之，渴望得到人才，對於主帥，對於事業也就沒有窮盡之日。而對於一個奮發有爲的主帥，求取與佔有人才，永遠是沒有剩餘和到盡頭的時候，這與事業是水漲船高的。只有平庸和心胸狹窄，眼光短淺的人，才覺得人多礙事，和容不得英才紛至沓來。因之，同一個梁山水泊，王倫容不下一個林沖，晁蓋卻招納了宋江等百十英豪，直使山林水澤臥虎藏龍。

而於曹公，人才的憂患既有其命運的獨特，又有人格的獨特。又如同時代的諸葛亮，以其〈前出師表〉例之，開列宮中府中人才，歸結爲「親賢臣，遠小人，此先漢所以興隆也；親小人，遠賢臣，此後漢所以傾頹也。先帝在時，每與臣論此事，未嘗不嘆息痛恨於桓靈也。」一派鞠躬盡瘁，死而後已的忠謹和千古完人、萬世師表的風範。曹操與人才之望和事業之憂，則分明見出功利的憂患，和以古時因人才成大業證當今之急需，又分明見出強烈的情感宣洩特點。或者諸葛亮過分理性細緻，曹操則又過分情感憂傷。

這回到他的若干「求賢令」，雖則思想通脫，到底急功近利。而到他的詩歌中則見其情緒渲染，和感慨生命本身了。以其〈短歌行〉〈善哉行〉等詩的若干詩句例之，可管窺一斑了。

> 對酒當歌，人生幾何！譬如朝露，去日苦多……青青子衿，悠悠我心；
> 但為君故，沈吟至今……山不厭高，海不厭深；周公吐哺，天下歸心。

——〈短歌行〉

這裡感慨人生，又呼喚賢才，二者又雞、蛋互生，水乳相融，實不可分。

又如〈秋胡行·之二〉：

去去不可追，常恨相牽攀。夜夜安得寐，惆悵以自憐。止而不譎，辭賦依因。經傳所過，西東所傳。

即引《論語·憲問》「齊桓公正而不譎」自喻，希望身居民間的賢人，像餵牛人寧戚一樣，看到齊桓公路過，即叩著牛角作歌以向桓公自薦（辭賦依因）。以此傳奇的方式實現風雲濟會，以完成人生大業。

個中求賢之望、功利目的和情感宣洩都是異常強烈的。這自然潛藏另一前景，人才一旦為所用，倘稍有違逆之志，曹公殺戮之情也異常峻急。然而，忽略現實的細節，作為創業者求助賢才的普遍情態乃至理想原則，諸如「青青子衿，悠悠我心；但為君故，沈吟至今」、「山不厭高，海不厭深；周公吐哺，天下歸心」，又有不泯的魅力，及至成為鞭策賢君明主的千古不朽之格言。

而在玄想的境界裡，曹操也肯定是明主賢君，只是到現實功利場合，他才變成酷烈者。他給中國文明貢獻的自是前者。

曹操一但認定「毋人負我」，就成了一個十足的獨夫。而這也就是曹操人生的諸多矛盾處與內在的駁雜性。

悲彼〈東山〉詩

作爲漢末禍亂的親歷者和削平戰亂的領導者，曹操目睹了這場中國歷史上罕見的曠日持久的災難。他的父親、兄弟、長子、愛侄之死，都直接和間接與這場災難有關。更別說董卓亂國，諸如，「播越西遷移，號泣而且行」（〈薤露〉）、「白骨露於野，千里無雞鳴。生民百遺一，念之斷人腸」（〈蒿里行〉），乃至群雄沒完沒了的殺來殺去。戰爭成了英豪的筵席，無辜百姓成了魚肉。一個個村莊消失了，一群群男女孺稚倒在血泊中……這都深深地刺痛著曹操的心，並歌吟爲詩，爲中國文明史留下一幅幅慘烈圖景，悲哀的呼號。因此，曹操的詩有「漢末實錄」和「史詩」之盛譽。

而在「曹操的人生哲學」的題目下，似乎還需看到曹操心性，曹操精神世界更多的東西，而似乎尤其要看到他的同情心，他的惻隱之心，他的良知，他的使命感。這樣絲毫不是掩飾和否定，作爲三軍統帥，一方霸主，許多時候他本人就是殺人如麻的魔鬼，他在徐州先後兩次下令屠城，他殘酷無情地殺戮政敵，甚至連孔融一雙幾歲的兒女都不放過。也就是這些作爲，千百年來他在中國人的心目中幾至成爲惡毒、奸詐的代名詞。如此惡名，在中國歷史可與之比匹的人物似乎也不多。如果把曹操身後的這種遭遇統統歸之於羅貫中的《三國演義》，乃至由其演繹出的衆多的三國戲，似不恰切。關鍵在於曹操生前的所作所爲。

是的，曹操有許多一塌糊塗處，然而，他畢竟有大英雄才情，大英雄懷抱和大英雄不泯之良知，即便潑墨爲詩爲文，亦是大手筆，所發亦是大雅之音。有他對殘酷的戰亂歌詠爲證。看這一幕——

北上太行山，艱哉何巍巍……樹木何蕭瑟，北風聲正悲！熊羆對我蹲，虎豹夾路啼。谿谷少人民，雪落何霏霏！延頸長嘆息，遠行多所懷……悲彼〈東山〉詩，悠悠使我哀。

〈苦寒行〉

此詩寫於建安十一年正月遠征高幹途中。高幹為袁紹外甥，降操後仍任幷州刺史。建安十年曹操北征烏桓，他又乘機反叛。為平高幹之叛，曹操又馬不停蹄，北出太行山擊之。時天氣奇寒，山路極難走，兵士苦不堪言。身為統帥，曹操視之有說不出的心頭酸楚。〈東山〉乃《詩經》篇名，相傳周公東征五年，兵士思家，在回師的途中寫了這首詩。曹操引出這首詩，這是同情將士艱苦，並渴望戰爭盡快結束，國家早日實現統一和平，亦望自己功德如周公。

又有直接寫征人思鄉的〈卻東西門行〉：

鴻雁出塞北，乃在無人鄉。舉翅萬餘裡，行止自成行。冬節食南稻，春日復北翔……奈何此征夫，安得去四方？……冉冉老將至，何時返故鄉？

馬亂兵荒、天災人禍，國難當頭，人竟不如鴻雁。鴻雁遠行，隊隊行行，也是一家人相守相親，還能冬日啄食南方稻米，春日又能自在地飛回北方。這就是戰亂給兵士帶來的，怎麼辦呢？

同情不會有多少實際結果，但曹操一生也確實下過幾道命令，爲陣亡將士之嗣，減免農民租賦，撫恤孤弱，如〈軍譙令〉〈贍給災民令〉〈蠲河北租賦令〉等。這於水深火熱中的百姓，連救命稻草都算不上，不過卻表現其人某種心地，其人性格的複雜和情感的富繁。作爲一個平常人，他會爲戰亂慘景而疾首痛心；作爲統帥，他也能體惜將士征戰辛苦；作爲復仇者征服者，他會肆無忌憚地大開殺戒；作爲一方霸主，他更不惜把對手斬盡殺絕，斬草除根以換取自己權位的穩固，這就曹操其人。也即在這種種方面，其人格無以與同時的劉備、諸葛亮比高下。

或者，這就是曹操在英雄與獨夫之間徘徊。人性發動，有惻隱之心，他不失明君風采；一旦認定「毋人負我」，就是十足的獨夫了。這也是曹操人生的諸多矛盾處，和內在的駁雜性。

生命之「氣出唱」

於大英雄，無生命即無事業，但無事業，生命亦同虛設，二者不可分，也更無先後之論。

事業之憂，生命之憂，民生之憂，人才之憂，隨著年齡之老大，衆憂齊上，眞是讓曹操輾轉反側、夜不能寐了。然而，這所有憂患似乎又都須歸結到生命本體上來。

於大英雄，無生命即無事業，但無事業生命亦是虛設，二者不可分，也更無先後之論。而生命似更爲根本。因之，在諸多憂患之中，曹操總想振著自己，平靜自己，調整好身心狀態，使之於自然生命有良好的自我感覺，由之又引發出對人生事業常保必勝之心。

要做到這樣，曹操或者認爲首先得承認和順應生命興衰之大道，如日出之東方必降於西土。這見於其〈精列〉一詩，開章見志：

厥初生，造化之陶物，莫不有終期。莫不有終期，聖賢不能免，何為憂此憂？

這與〈秋胡行〉中云：「存亡有命，慮之爲蚩」、「愛時進趣，將以惠誰」，自是極通達語。

認識如此，自己寬慰自己是容易的。但人生是一個完整的世界，眞正讓自己平穩下來卻不容易。人生憂患，總如大地湧泉不擇地而出，且必然往低處流。人生憂患亦同此，在事情不順時也尤其來得不可擺脫。

在曹操，切切實實感到生命衰老，對人事有些力不從心時，大約在赤壁之戰後。此前，他在遠征烏桓回師途中尙高歌「烈士暮年，壯心不已」，對將來充滿信心，並說「養怡之福，可得永年」。赤壁之戰，幾欲全軍覆沒的慘敗，一下子把他從節節勝利的巓峰丟進行將敗亡的低谷。頃刻之間，曹操開始懷疑生命了，「對酒當歌，人生幾何！譬如朝露，去日苦多。」曹操只差沒有涕泣唏噓訴說自己的孤弱無依，生命力危淺了。

但一個有所作爲的曹操必不如此，這樣無奈之音也只是他新的征程的前奏，這同時包括他對自己自然生命的把握。因爲，把握生命與把握事業，對他同樣重要。

因此，在赤壁戰後，其詩作增添了一個新的內容：遊仙得道。這樣題材的詩幾欲佔曹操現存詩的三分之一。它不僅有詩人的暢想，也有延年益壽的具體物事。

……

東到泰山，仙人玉女，下來遨遊。驂駕六龍，飲玉漿。河水盡，不東流。解愁腹，飲玉漿，奉持行。

東到蓬萊山，上至天之門。玉闕下，引見得入，赤松相對……開玉心正興，其氣百道至。傳告無窮閉其口，但當愛氣壽萬年。

——〈氣出唱〉

蓬萊乃東海仙山。「開玉心」即開明星（木星）；玉井星，心宿，二十八宿之一。氣，元氣。

更爲切實的就是接受和實行道家的修持怡養法術，也即〈氣出唱〉中所云「神仙之道，出窈入冥，常當專之。」據晉．張華《博物志》記載：魏武「好養性法，亦解方藥，招引方術之士，廬江左慈、譙郡華佗、甘陵甘始、陽城郗儉無不畢至。又習啖野葛至一尺，亦得少飲多鴆酒。」史家還記載，曹操還向道士皇甫隆學習了「服食施行導引之術」，並「朝朝服食玉泉琢齒」，即叩齒，用口內津液漱齒並吞下。這都表現了曹操對生命的態度。

〈氣出唱〉即古曲名，〈陌上桑〉、〈秋胡行〉等亦是，惟內容與曲名無關。

壽比南山不忘愆

……絕人事，遊渾元，若疾風遊欻飄翩。景未移，行數千，壽比南山不忘愆。

談曹操的憂患之思，其〈遺令〉有二句話值得注意。曹操說：

「吾在軍中持法是也，至於小忿怒，大過失，不當效也。天下尚未定，未得遵古也。」

前一句說自己的忿怒、過失，後繼者當引以爲戒。忿怒是發脾氣，好理解。「大過失」具體指何樣行爲，甚矇矓。

第二句則比較明確，天下尚未定，不可一味講禮治，施仁政，處處一副老實相。當用武則用武，該權變則權變，乃至韜光養晦，進退弛張，都得隨時應對。但這裡曹操又似乎從反面提出了「遵古」一道。因爲文明延伸，總是智進德退。這樣，所謂「古風猶存」，遵循古道，總是行善、立德的同義語。那麼這其中是否包含著曹操對自己履行軍政使命中的諸多過火行爲的反省與愧疚呢？實不敢忘加推斷。

惟可引其〈陌上桑〉一詩作參考。

其詩仍是一首神仙詩。曹操說他駕虹霓，乘紅雲，登九疑山，過玉門關，渡過天河，達到崑崙，拜見王母、東君，又和仙人赤松、羨門交朋友。從他們那兒學得仙術，自己的精神得以滋養。然而儘管在仙界食靈芝，喝甘泉，一舉動就是千里之途，又可壽比南山，但他竟然忘記不了自己的過失，即最末一句云：

……景未移，行數千，壽比南山不忘愆。

這個「愆」（過失）具體又是指什麼呢？依舊是不甚確切。但一位統帥，一名霸主，想來其過失最大者莫過於苛酷的殺戮行爲，和使心術至於欺誑良知與天理的程度。如其在徐州縱兵屠城，對伏后手段太毒……是否在這些方面，爲了功利曹操深心總是隱隱自責呢？

除了曹公本人，沒有誰能回答如此疑問。而曹公一生又太過狡黠，且十分愛面子，誰能猜中什麼？

不過即便多智又愛面子的曹阿瞞，遊仙之餘，不忘人間事，仍能說「壽比南山不忘慾」，到底透露了其靈魂深處的某種秘密，乃至其良知一隅的閃光。

悲涼碣石心

人生的價值在於承擔悲劇、應對苦難。熬了過來，生命就是奇蹟、就是輝煌；至於成就與功業，那就是另一回事了，於生命本身它們並不重要。

事業成敗，人才得失，對於人，說到底是身外之物。即便得到賢才相助取得事業的成功，也須歷一番說不盡的艱難。

而這些又都改變不了一個現實：人世艱難，人生苦短。無論曹操於統一大業何其壯心不已，對八方才俊充滿「周公吐哺，天下歸心」之願，無論他對仙道何其神往，又「常當專之」修煉、怡養，都遮掩不了他對生命匆匆、水流不返的體驗。這是一個太眞實、也太無情了的存在，一顆敏感的詩人之心，一雙一下子就能看透底蘊的哲人之慧眼，怎麼也迴避不了。也任其足智多謀，以至以天下爲己任，如此等事實，亦不值一提。而事業、人才、民生等等憂患，說到底不都是生命之憂患嗎！

正因這樣，生命的悲劇意識也成爲曹操詩歌貫穿始終的主題，並成爲曹操詩歌裡最爲動人的藝術魅力之所在，亦構成曹操詩作哲理價值的情感基礎，甚至它還奠定了整個建安文學那種悲涼慷慨的情感基礎。對於中國文明，甚至是曹操統一中國北方，在戰場上的叱咤風雲尙都沒有所呈現出的生命悲劇意識煥發的魅力那樣動人，那樣具有久長的影響，乃至引起無盡的後來人的共鳴。有詩爲證——

這是對生命大限的認識與體認：

造化之陶物，莫不有終期。

——〈精列〉

去去不可追，常相牽攀。

——〈秋胡行〉

這是多謀難斷的徬徨，和面對庸人當道，自己回天無力的沒奈何：

心意懷遊豫，不知當復何從。經過至我碣石，心惆悵我東海。

——〈步出夏門行・艷〉

沐猴而冠帶，知小而謀彊。

——〈薤露行〉

這是對戰亂給軍民之痛苦的哀傷：

瞻彼洛城郭，微子為哀傷。

——〈薤露行〉

生民百遺一，念之斷人腸。

——〈蒿里行〉

谿谷少人民，雪落何霏霏！

——〈苦寒行〉

這是自傷身世的苦窮與厄難：

自惜身薄祜，夙賤罹孤苦。既又三徙教，不聞過庭語。
守窮者貧賤，惋嘆淚如雨。泣涕於悲天，氣活安能睹。

——〈善哉行•二〉

這是渴慕賢才，憂思勤謹之情態：

慊慊下白屋，吐握不可失。衆寡飽滿歸，主人苦不悉。

——〈善哉行•二〉

而這所有似乎又完全濃縮在〈短歌行〉的開篇四句裡：

對酒當歌，人生幾何！譬如朝露，去日苦多。慨當以慷，憂思難忘。何以解憂？惟有杜康。

關於人生之憂患，關於生命之悲劇，作爲詩這已是千古絕唱了！只要直面人生，只要直面世事，生命的情味本屬如此。對此，只有說出與不說出的區別，只有眞說與假說的區別，而回到事實都只有這一種存在。而曹操的難得處就在於，以沒遮攔的眞誠，說出了這一眞實。不僅如此，他又以詩的完美的形式說出，感人的是他的悲涼慷慨之情感，啓迪人的是其詩句的事實與哲理內涵。

如此，曹操如此這般的詩句，乃至其人人生哲學有何意義？實大有深意所在。

因爲人生的價値就在應承擔起悲劇，應對苦難。在這當中，人戰勝了，人過來了，生命就是奇蹟，生命就是輝煌。至於成就與功業那就是另外一回事了，於生命本身它們並不重要。

跋

曹操大約是中國歷史上最具爭議性的人物，向來為各色人等所感興趣。但我更願為另一種目的寫《曹操的人生哲學》。

即本世紀以來，國人似乎日益明確一種心理：人間無需道德良知，誰能成功誰就有本事。許多人正是本此心理去了解有著奸詐之名、實的「曹操」。我想，大謬不然矣。

當然我還有一種看法，中國人格傳統至少有如下幾種類型：

1. 以老莊為代表的名士型。
2. 以孔孟為代表的儒士型。
3. 以申商為代表的權術型。
4. 以功利為目的的 市井無賴型。

此四種類型，前兩種代表中國人格之精英部分，第三種善惡參半，第四種實在是人間禍害。而近代以來，第四種類型漸成泛濫之勢，並又從第三種類型裡吸收智計，為害尤烈。

曹操思想大抵來自申商權勢之學，但曹操人生思想又遠不止申商之學術，至少還有儒家的王道思想。這不僅表現他的領袖襟懷，也表現他的盛世之理想，乃至其厲風俗的若干政令。曹操對民族文化的貢獻也只在這上面，以及為實現這些所表現的智慧才情。

但曹操治軍執政為人確有諸多過分的地方，這集中起來就是他的奸詐之名實。對此我試想確認一種歷史觀：人是人的手段，人是人的目的，歷史無是非，最終只有善惡——道德評價。人心或一時無作用，但無所不在，每一歷史階段最後還是由人心來定局面，這是逃避不了的。曹操所受的也就是這種報應。

而我寫這本小書，正視曹操諸多優長，也只著重在識破此點。

本書本來應在六月初交稿，我也是這樣和葉忠賢先生約定的。但五月外出一趟，一耽即整月，歸來緊趕慢趕，雖自覺盡力，但總有些擔心。這只好煩范維君小姐著意修繕了，也望讀者諸君指正。

書生清苦，文字艱難。陳怡小姐之深為體惜，我亦深致敬謝。向來秀才人情紙半張，而我數卷書啊！

揚帆

一九九五年六月二十日

於廣濟居

曹操的人生哲學—梟雄人生　　中國人生叢書 12

著　　者／揚帆
出　　版／揚智文化事業股份有限公司
發 行 人／葉忠賢
責任編輯／賴筱彌
執行編輯／范維君
文字編輯／楊永慧
地　　址／台北市新生南路三段 88 號 5 樓之 6
電　　話／(02)2366-0309　2366-0313
傳　　真／(02)2366-0310
登 記 證／局版北市業字第 1117 號
印　　刷／偉勵彩色印刷股份有限公司
法律顧問／北辰著作權事務所　蕭雄淋律師
初版二刷／ 1998 年 3 月
定　　價／新臺幣：300 元

南區總經銷／昱泓圖書有限公司
地　　址／嘉義市通化四街 45 號
電　　話／(05)231-1949　231-1572
傳　　真／(05)231-1002

本書如有缺頁、破損、裝訂錯誤，請寄回更換
ISBN ／ 957-9272-22-0(第 12 冊)
E-mail ／ ufx0309@ms13.hinet.net

國立中央圖書館出版品預行編目資料

曹操的人生哲學：梟雄人生／揚帆著. －－初版
. －－臺北市：揚智文化，1995〔民84〕
面；公分. －－（中國人生叢書；12）
ISBN 957－9272－22－0（平裝）

1.（三國）曹操－傳記 2.人生哲學

782.824 84007787